一週間でさらっとおさらい
大人の漢字セミナー

下村 昇 著

ビジネス教育出版社

はじめに

漢字がブームだといいます。そして、子供であれ大人であれ、キーボードをたたけば、難しい漢字でもすぐにパソコンの画面に現れてくる時代です。

にもかかわらず、仕事の面では、漢字の使い方ひとつという意外なところで知性の差が見えてしまうものです。

現にここまでの二文の中でさえ第二行目で「パソコンの画面に現れてくる時代」と打とうとしたら「あらわれて」部分で「表れて」と出てきてしまいました。パソコンを信用しすぎると、こうしたところを見逃してしまい、思わぬ落とし穴にはまってしまいます。

ここでの「あらわれる」は「表れる」なのか、それとも「現れる」なのか。パソコンはそこまでは正しく変換してくれません。最近は、文章の前後関係を考えて的確と思われる変換文字を最初に出すようになってきてはいますが、文章を打つ本人が知っていなければ、本当に正しい変換は望めません。

それぞれの専門によって使う用語や文字が異なる場合もありますし、各人の使いようによって、その人が主として使う用語には慣れてくれますが、文章表記のいちいちについて判断し、的確に表示してくれるというところまでは至っていません。

右記の「あらわれる」のような同音異義語は自分自身が熟知して、この場合どの漢字を使うのがよいか、自分で決めなければなりません。ということは、現行の『国語表記の基準』による「同音異字」のことばの場合「合う・会う・遭う」とか「生む・生まれる／産む・産まれる」のような用法などをはじめとして、外国の地名・人名の書き方、新地名の表記にまで精通していなければならないということなのです。

仕事の場面でも漢字で書くべき部分を平仮名で書いたり、書き順を間違えたりしたら、やはり仕事のできるビジネスマンとは見られません。このような意識の差は手書きの場面ではことのほかはっきりと出るものです。

私も年を重ねるにつれて、周りの人から質問される機会が増えてきました。しかし、日本語の決まりのすべてが頭に入っているというわけでもありません。ただ尋ねられて、わからないときはどうしたらよいか、何を参考にすればよいか、そんな知恵は若い人よりいくらか増えたかもしれません。

そこで、日常よく取り上げられ、話題になる事柄を「漢字そのもの」の問題、「書き方」の問題、「書き分け」の問題、「使い分け」の問題など、復習の意味で七つに絞ってまとめてみることにしました。

就寝前に一日一章ずつ読んでも一週間でおさらいができます。「漢字使用上の知識」として、この程度のことを復習して再確認しておけば、一般的、あるいは日常ビジネス上で困ることはないと思います。

誰が言い始めた言葉か分かりませんが、「学びなくして成功なし」といいます。そのためには、いつでも簡便な参考書を手元に置いて、その都度利用する習慣をつけるのがよいのです。社会人のあなたは、敬語の心得や、スピーチ・挨拶の仕方などについては参考書などを一再ならず読んでいることだと思います。

同じように「漢字の使い方」についても一通りの規則や有り様《あよう》は知っていてほしいものです。例えば会社名でも「三菱」は「電機」、松下は「電器」、東芝は「電気」でした（現在東芝は、東芝グループの中核に位置する企業となり、総称として「東芝」という）。また、量販店のヤマダ電機は「電機」ですし、関西で有名だった和光電気は「電気」でした。こうした文字の違いがあることを知らない場合など、取引先の企業名、個人名を間違って書いてしまうという事故を生みかねません。

日本人として漢字に興味や関心を持つということは、得にこそなれ、損になるということはありません。

「フンシツ」は「紛失」だろうか「粉失」だろうか、「ヘンシン」は「変身」だろうか「変心」だろうか、はたまた「返信」だろうか。どう書き分ければよいか、そう考えてみるようになってほしい。そうした考え方が習慣のようになってほしい。

こんな考えから、本書を手に取ってくださったビジネス教育出版社と御縁のあるビジネスマンのあなたが、ますます漢字好きになるきっかけが持てるようになるならば、著者としてはこの上なくうれしいことです。

『一週間でさらっとおさらい　大人の漢字セミナー』

目　次

はじめに

第一日目

漢字はもとを知れば覚えやすい

（1）成り立ちから漢字を覚える

漢字の現代への流れ

言うまでもないことですが、「出来上がるまで」とか「出来上がったものの仕組みがどうなっているのか」、そうしたことを、物事の『成り立ち』といいます。その意味で『漢字の成り立ち』のことを、従来「漢字源」とか「字源」「解字」「成り立ち」「でき方」などと、いろいろな言い方で書き表してきました。

私たちが字源といっているのは「漢字（字体）の成り立ち」のことをいう言葉です。そして、その研究を「字源研究」といっています。似た言葉に語源ということばがありますが、「語源」は別物です。

さて、漢字が中国で生まれたのは、間違いのない事実です。とはいうものの、いったいだれが作り出したものか――ということになると不明です。

しかも、日本で使われている漢字は、ということになると、中国だけで生まれたものではありません。『漢字』といっていいのかどうか分かりませんが、日本でも朝鮮半島でもベトナムでも……というように、いろいろなところで漢字は生まれ、そして増え、使われもしてきました。そしてまた新たに作られるようになって広がっていっています。

私たちがよく知っている次のような漢字、「働」「峠」「凧」「畑」「辻」「凪」「匂」など、このような漢字は、もともと日本で生まれた漢字であり、中国から入ってきた漢字ではありません。中国から入ってきた漢字のでき方を見習って、日本人が独自に作り出した漢字（？）です。このような「日本でできた漢字」を中国から伝わってきた漢字と区別して、特に「国字」ということもあります。こうした字は地名・人名などに多く、一冊の書物としてまとめられるほどたくさんあります（注：エッコ・オバタ・ライマン著『日本人の作った漢字・国字の諸問題』南雲堂〈一九九〇年刊〉が参考になります）。

我が国で漢字が滅びず使われ続けているのは、このように中国から移入しただけでなく、自分たちのものとしても応用して使用し、日本人のもの、そのものにしていったからです。

日本でできた漢字

「峠」は御承知のように「とうげ」と読み、山道の坂を上りつめて、そこから下りになるところであり、「山に上・下」と書きます。では「山に上・下」ばかりでなく「てへん（扌）に上・下」と書く字もあるのでしょうか。それが、実際にあるのです。ちなみに「てへん（扌）に上・下＝挊」は「ロク」と読み、「はたらく・かせぐ」という意味です。そしてもうひとつ、「つちへん（土）に上・下」と書いて「たお・たわ」と読み、山の尾根の低くくぼんだところ、鞍部のことで、これも「とうげ」と同じ意味です。

【問題】

こうした字は日本で生まれた字という意味で、「国字」（新字＝にいじ）ともいわれるものです。さて、次の漢字は何と読むでしょうか。想像力を発揮して答えてください。

1　兄弟は顔や姿が似ている…　**俤**…　（答え①　　）

2　秋から冬にかけて吹く冷たい風…　**凩**…　（答え②　　）

3　思い起こして懐かしむ…　**偲**…　（答え③　　）

4　そでをたくしあげるひも…　　襷…　（答え④）

5　雨が下に落ちる…　　雫…　（答え⑤）

【解説と答え】

これらの字はすべて辞書に出ているものです。

①おもかげ（国字）　②こがらし（国字）　③しのぶ、シ・サイ

④たすき（国字）　⑤しずく、ダ・ダン

1・2・4は漢字に模倣して新たに国字として字体を作ったもの。

3はもともと漢字に同じ字があるが、漢字の原義と異なっているもの。

5は漢字の音はあるが、その意味が未詳のものです。わが国での用法か。

こうして並べてみると、国字になった漢字もなんと素晴らしい造字力でできているではありませんか。

中国・黄河文明（黄河・長江流域）には、紀元前一三〇〇年ごろから使われていた、甲骨文

字といわれるものがありました。これが、だれが作ったものかということは分かっていません。ただ、一人だけの人間が作ったものでないことは確かでしょう。

現に今述べたように、いろいろなところで使われ、いろいろなところで工夫されて増えていっているわけですから、いつ、どこのだれ兵衛さんが作ったといえるものでないことは確かです。

「正しい」がなければ「間違い」もない

同じように、現在、私たちが「漢字の字源」とか「成り立ち」などと言い合っているものも、多くの漢字学者によって研究され、工夫され、考えられ、体系づけられて現代に至っているわけです。それらはいろいろな辞典類を見ても『字源』『成り立ち』『解字』などといった、いろいろな言い方でそれぞれの辞典に載せられています。

このことだけでも、漢字の成り立ちどころか、『成り立ちの研究』までもが一人の人の力でできたものでないことは分かります。

漢字のでき方（字源）を説明するにも人それぞれの考え方があり、これが絶対の「字源だ」、これだけが「正しい」漢字の成り立ちだといえるものがあるわけではありません。ということは、「絶対に正しい」字源というものはないということなのです。ですから「これは間違った字源だ」ということもないのです。では、どの字（辞）典が正しいのか、どれなら正しいのか、それもいえません。そもそも字源を論ずるとき、それは「正しい・間違い」をいうものではないからです。

中国の後漢時代に漢字学者であり文字学の祖といわれていた許慎（生没は諸説あり）という人がいました。この人は中国最古の辞書あるいは解説書だといわれている『説文解字』（西暦一〇〇年に完成）を著したことで有名です。しかし、その後、亀甲や獣骨などに彫り付けられた文字（甲骨文字）が発見されたことにより、中国では多くの学者がその甲骨文字の研究に着手するようになり、許慎の考えにも多くの誤りがあることがわかってきました。

許慎のまとめた『説文解字』という書物は、書名がいうように「文を説き、字を解す」というわけで、以後多くの漢字学者がその『説文解字』を参考にして、研究を深めたことは間違いない事実です。しかし、後世の学者たちの、その研究の仕方はそれぞれ独自の研究の方向や研究方法をもって研究されていますから、出来上がったものは一様ではありませんでした。各人がその人独自の（あるいは「派」として研究成果をまとめた）「成り立ち」「字源」というものを発表しているわけです。

我が国でも、現在までいろいろな学者が研究に取り組んできましたが、ある人は字形の面から（その例：白川静『字統』平凡社）、また、ある人は中国語の語源や発音のもつ意味の面から（その例：加藤常賢『漢字の起源』角川書店・藤堂明保『漢字語源辞典』学灯社）……といったように研究の仕方もいろいろです。中国での事情と似ています。それなのに、一般の人たちはその辺の認識不足によるものか、あるいは誤解して、『字源』『成り立ち』というと、ひとつの決まった漢字のでき方というものがあって、そのものをまねて、あるいはコピーしているように思われているのではないかと思います。

そうでないならば、それぞれの漢字研究者の研究内容を尊重して「○○氏の考える字源」とか、「△△先生の研究による成り立ち」というのが正しい言い方でしょう。字源解説や辞典類で発表されているものは、それぞれの研究者による研究の結果（成果）であり、だからこそ、その違いが出るのです。こうしたものをみたり参考にしたりする場合、それぞれの研究は研究として尊重して、各研究者のその研究成果をみるようにしなければならないわけです。

ただ、現在では漢字研究といった場合、旧来の訓詁学（くんこがく・昔の意義の解釈）にしがみつくのではなく、その漢字が持つ、形・音・義（意味）の三方向から研究がなされなければならないというのが漢字研究の常識になっています。そういうことを知ると、どの学者の考えた漢字の成り立ちも、漢字研究に必要なその三方向から研究がなされているのならば、『成り立ち』の説明は同じになるのではないかと思うかもしれませんが、しかし、それがまた「さにあらず」なのです。

それは、漢字辞典の「字源、解字、成り立ち」などと書かれている部分の記述を見れば一目瞭然です。「山」や「月」「川」などの象形文字といわれるものの中では同じか、類似した説明になっているものもあるかもしれませんが、それはすべての漢字について、ということではありません。ということは、漢字には「これが字源だ」と断定できる定まったものはないということを意味しているのです。言い換えると「これだけが正しい」という言い方は間違いだということです。

繰り返しになりますが、初めに漢字を作った人がいて、その人が「これこれという漢字は、こういうふうに考えて、こう作ったのだ」ということがはっきりしているのでないわけですから、「こういう考えでこの字は出来たのだそうだ」といえる確たる根拠がないわけです。漢字については、後世の漢字学者がそれぞれの独自の研究の仕方や、研究の方向に従って研究した結果、「自分はこう考えた」というその人独特の体系的な研究の成果だということなのです。

してみると「正しい成り立ち」とか「間違った字源」などと、主観的に「正しい・間違い」

ということはそれこそ間違いで、A書とB書とは「ここは同じだ」が「ここは字源が違う」と考えるのがよいのです。

こうした「違い」をいうのではなく、いろいろな面で「正しい」「間違い」という単純な考え方は、私たちの周りにはたいへん多いようです。例えば、ことに漢字の発音をもとに研究を進めるとはいっても、その言葉が中国・秦の始皇帝が治めていたころより以前の上古の言葉なのか、以後の言い方なのか、いつの時代の発音であり言葉なのかということでさえ断定しにくいところです。そうしたことひとつをとって考えてみても、漢字の研究は簡単ではなく、難しいということはお分かりだと思います。

こうしたことは漢字の「書き順」についても、「字形」や「意味」についても言えることです。「正しい書き順」とか「正しい字」「正しい意味」といったように「これが正しい」と、どこかでだれかが決めて、それだけが正しいというものはないのです。専一的な考え方は危険です。そもそも言葉は使っていくうちに変化していくものです。

強いて「正しい」という、そうした言い方をするならば、旧漢字に対して現行の常用漢字字体は現代の漢字字体として「今の字体はこれだ」、だから、「これは正しい」ということはできますが、それだけのことで、それとても旧漢字体と現漢字体とは、点が増えているとか、逆に旧漢字にはあった点がなくなったとか、「あら、こんな形になっちゃったの？」といわれるほど、簡便化されたり、略字化されたり、いろいろな違いがありますので「これが正しい」とはいいがたいものです。

具体的に例示しなければ腑に落ちないことばかりだと思いますが、残念ながらここで例示している余裕がありません（できれば小著『みんなの漢字教室』ＰＨＰ新書他を御覧いただければ幸いです）。話を先に進めます。

「読み」や「書き」についても

このことは漢字の字体ばかりではありません。「読み」についても同じです。具体的な例で考えてみましょう。一〇〇六字の教育漢字の中に指定されている『戦』（四年生配当漢字）を見てみましょう。教育漢字の読みの一覧には「セン・（いくさ）・たたか（う）」という読みしか出ていません。だから、『戦』はそれだけしか「読めないのだ」といえるでしょうか。だれがそんなことを勝手に決めることができるでしょうか。「戦」が常用漢字表に「セン・いくさ・たたか（う）」としか載せていないからといって、これしか読めない、それ以外読んではいけないということではありません。また昔からみんなが使っていたその漢字の意味が今はなくなったかといえば、そんなこともありません。常用漢字は単なる漢字使用の目安なのですから。

常用漢字の使い方としては、こうした読みで使いましょうということなのです。『戦』には「戦う」以外にも「おののく」「そよぐ」という意味（読み）があり、かつては「戦《おのの》く」「戦《そよ》ぐ」とも書き、読んでいました。そして、今でも「戦く」と書いてある文を『おののく』と読んではいけないわけでもないのです。実際問題として「戦慄」とか「戦々恐々」（または「戦兢兢」）などと、こうした言葉だって使っているではありませんか。そういう言葉や意味がなくなったなどということもありません。「戦々恐々」の「戦」はどんな意味で、「恐々」の「恐」はどんな意味かと聞かれたら「恐れてびくびくする」とか「恐れかしこまる」さまだと答えるでしょう。それは「戦」や「恐」にそうした意味があるからです。

繰り返しますが、教育漢字の学習段階では『戦』を「おののく」という読みや意味で教えないだけなのです。そうした読みや意味がなくなったわけではないのです。『戦』にはれっきとした『おののく』という意味も『そよぐ』という意味もあるのです。「このところの放火事件に住民は恐れ戦いている」などと書いたりもします。

小学校で教えなければ、社会でも教えないし、使う人も少なくなっていくでしょう。日常の生活の中で使う機会が少なくなったことは確かです。こんな素敵な言葉が影をひそめていくのはもったいないことです。漢字の問題には国の国語政策が悪かったのか、学校教育が間違っていたのか、こうした考え違い、覚え違いがいろいろとあります。

それればかりか、漢字にまつわる考え方には、「本当の間違い」と「違い」の区別や、「思い違い」などが多いようです。だれが言い出したものやら、『吉』の上部の「士」の部分が「土」になっているのが「よし」で、上部が武士の「士」の形になっているほうは「キチ」だと、まことしやかにいわれて、びっくりしたことがありました。「かくの如し」です（ここでは「漢字の現代への流れ」について書かなければならないところでしたが、筆が滑って、余計なおしゃべりになってしまいました。あわてて文章を元に戻しましょう）。

「漢字」の字形は現代化してきた

ともかく、中国で、甲骨文字が発見され、出土された後、殷王朝の末期から周王朝の前期になると、鐘・鼎《かなえ》・武器などの青銅器に刻まれた文字が続々と発見され、それらは金文（青銅に書かれた文）と呼ばれました。

甲骨文と金文はさらに次の代の周という時代に引き継がれたわけですが、周の時代の混乱によって漢字は中国全土に飛び広がりました。そうして漢字の使用地域が拡大し、各地で読み書きする字の形に違いが出てきてしまいました。そのため、整理改変して新しい文字を作らざるを得なくなりました。

すると今度は、文字の字形や意味にまで抽象化が進み、春秋戦国時代になると、また、地方によって通用する字体が異なるという事態が生じました。

秦の時代になると（この時代はわずか十五年ほどでしたが）、当時の始皇帝という皇帝は天下を統一したのち、漢字の字体の統一にも着手しました。字体が複雑で不便だったものを簡略化して作り上げたのが「小篆《しょうてん》」といわれるものです。そうしてさらに小篆も崩れて、下級役人にも書きやすい「隷書」といわれる形が生まれ、隷書からさらに工夫改良されて「草書、楷書、行書」などを生むようになりました。

宋の時代になると楷書が様式化（形ができ書き方の方法がそろうなど）され、さらに清の第四代の皇帝、康熙《こうき》帝によって「明朝体」（『康熙字典』〈一七一六年刊〉で知られる）が確立しました。現在日本で主に印刷物などに使用されている書体は、明の時代に確立された明朝体が中心です。

これが大まかな中国での漢字の変遷であり、現在はさらに改革が進み「簡体字」と呼ばれる字体になってきたわけですが、一方、日本はどうだったのでしょうか。

西暦一世紀には既に中国から移入されたという漢字に多くのことを学んだ日本人は、まさしく中国から入ってきた漢字ではないかと見紛う程の「国字」を作り上げています（その例が初めのほうに「働」「峠」「畑」などと出したものです）。そうして、それが戦後、当用漢字から常用漢字へと呼び名も変わりながら、現在の公的な字体になりました。

「象形文字」とは

さて、世界四大文明に現れた初期の文字は、どの文明における文字でも、ほとんどが絵文字から発達したといわれています。そうして徐々に表音文字化されていったわけですが、漢字だけは「文《もん》」といわれる基本文字というか、基礎文字というか、ともかく大もとになる漢字（象形文字といわれるもの）を大事にしながら、それをもとにして文字の改良を重ね、のちの漢字という「文字の構成と用法」の、六つの原則を完成させました。

これが「六書《りくしょ》」（象形・指事・会意・形声・転注・仮借。「六書」については二十二ページのコラム参照）といわれるもので、字形・字音・字義のすべてを兼ね備えた文字を作り上げたのです。その「六書」のひとつが「象形文字」といわれる手法で、これが漢字の基礎になるものです。先に『説文解字』の話のところで「文を説き、字を解す」といいましたが（七ページ参照）、その「文」や「字」といわれるものの由来と関係があります。

「象形文字」は、物の形や特徴をつかんで、その形を簡単な線で描き出した絵だといわれています。物から抽象される概念を簡略的に図形化した絵文字だと考えればよいでしょう。例えば「日・目・山・水・魚・鳥」などのように、事物の形を線画的に簡略化して分かるように表したものです。

以下の絵は、甲骨文をもとに象形文字の模式絵図を子供になじみやすいように書いてイラストとして提示したものです。

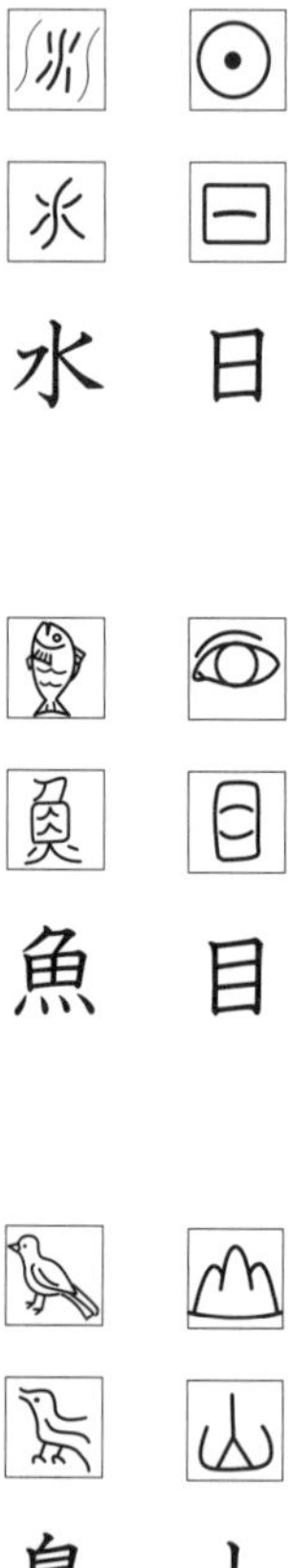

こうした象形文字と指事文字（六書のひとつ。例：横棒の上下に点をつけ「上」「下」を表

すなど）といわれるものが、現在私たちがひと口に「もじ」、「文字」といっている言葉のうちの「文《もん》」に相当するものです。そして、この「文」を上下左右に組み合わせて考案した「会意文字（六書の一）」や読みと意味を合わせて作られた「形声文字（六書の一）」といわれるもの、例えば「校・休・花・芽」などといったような多くの漢字を「文《もん》」に対して「字《じ》」と呼んでいます。

「六書」といわれるこれら、漢字のでき方からみた言い方の漢字すべてを現在「文字」というのは、そうしたところから採った言葉なのです。

小学校で学ぶ漢字（教育漢字）一〇〇六字のうち、象形文字と思われる漢字はおよそ一四五字あります。それらの象形文字が現在どんな漢字になっているのか、その一端を次の項で見ていきましょう。

（2）絵から漢字を当てる問題

【問題】次の絵は、現在のどんな漢字を表しているか、考えてください。

(例)

倉

①

②

③

④

⑤

⑥

⑦

⑧

⑨

⑩
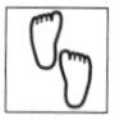

⑪

⑫

⑬

⑭

⑮

⑯

⑰

⑱

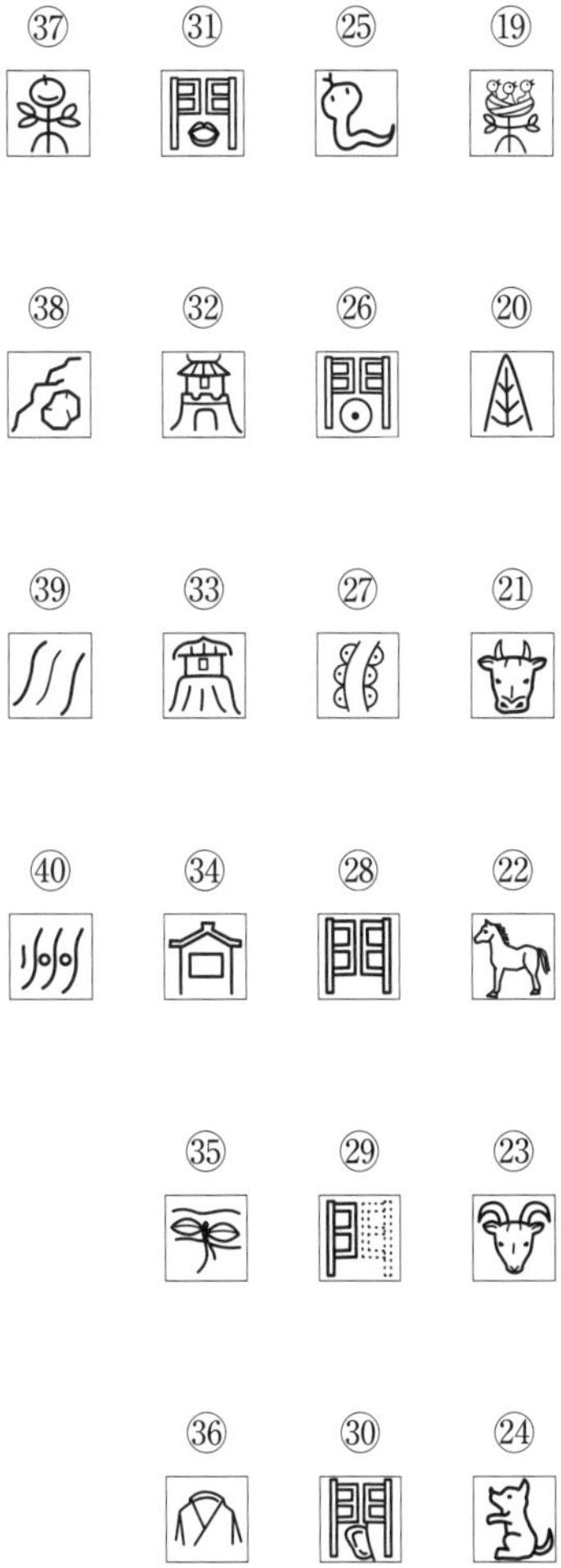
⑲ ⑳ ㉑ ㉒ ㉓ ㉔
㉕ ㉖ ㉗ ㉘ ㉙ ㉚
㉛ ㉜ ㉝ ㉞ ㉟ ㊱
㊲ ㊳ ㊴ ㊵

【答え】

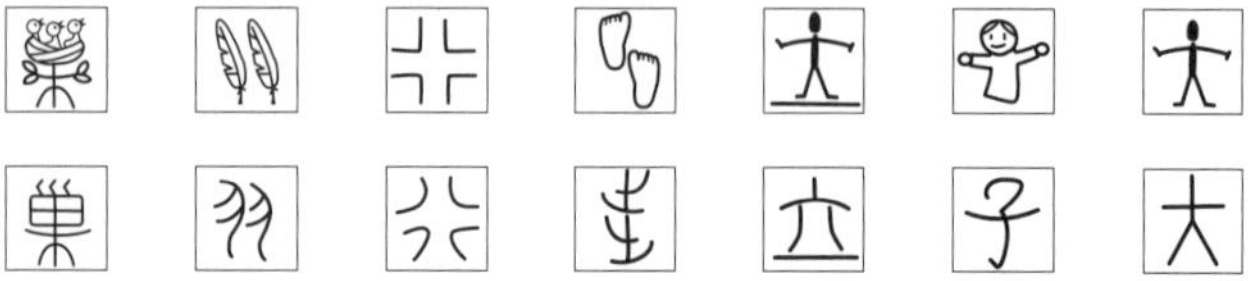

①大　④子　⑦立　⑩歩　⑬行　⑯羽　⑲巣

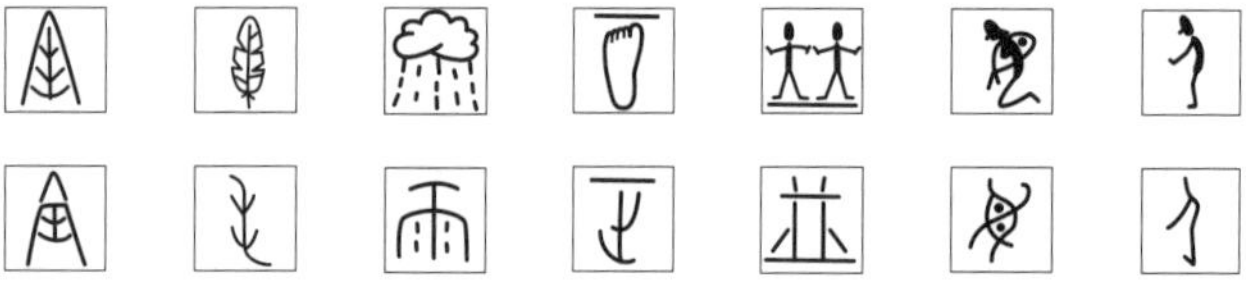

②人　⑤母　⑧並　⑪正　⑭雨　⑰毛　⑳角

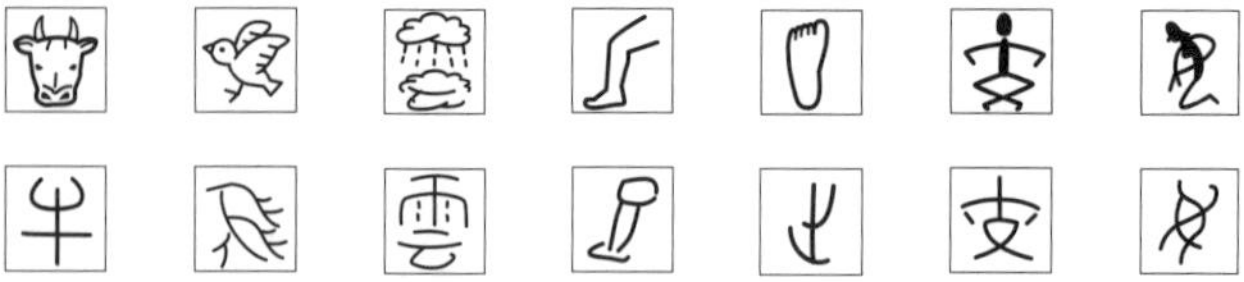

③女　⑥交　⑨止　⑫足　⑮雲　⑱飛　㉑牛

㊵　㊲　㉞　㉛　㉘　㉕　㉒

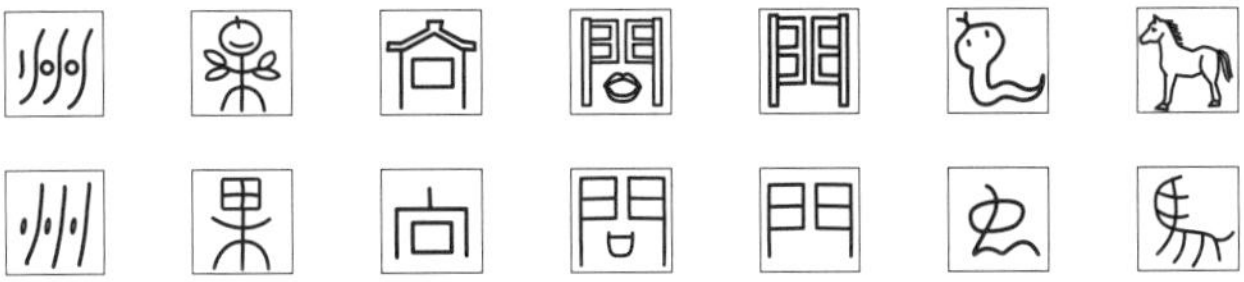

州　果　向　問　門　虫　馬

㊳　㉟　㉜　㉙　㉖　㉓

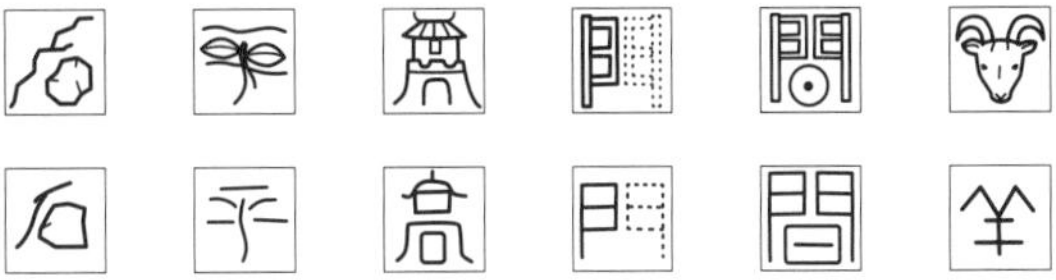

石　平　高　戸　間　羊

㊴　㊱　㉝　㉚　㉗　㉔

川　衣　京　聞　卵　犬

コラム 六書という漢字の作り方

「六書《りくしょ》」とは、漢字の造字方法と構成方法の原理を六つに分類したものです。

中国の人々は「文《もん》」といわれる基本文字を大事にしながら改良を重ね、形・音・義のすべてを兼ね備えた「字」をたくさん作り上げました。その構成方法の原則を研究分類したものを、許慎が「六書」として『説文解字』の序に書きました。

以下の（1）～（4）は漢字の作成法。（5）と（6）は主として漢字の使用法に関わりがあるものです。

（1）象形《しょうけい》文字＝そのものずばりの字

「象形」の「象」は「かたどる」という意味。物の形や特徴をつかんでその形を簡単な線で描き出した絵だといわれています。いろいろな物の形を図形化した絵文字だと考えればよいでしょう。

(2) 指事《しじ》文字＝しるしをつけて表す

「指事」は抽象的な概念を文字として表す工夫です。実体のないもの、あるいは具体的な形で表せない事柄を、いろいろに工夫した符号で表しました。上・下・本・末などを表すのに絵や図に印を付けるなどといったような方法です。

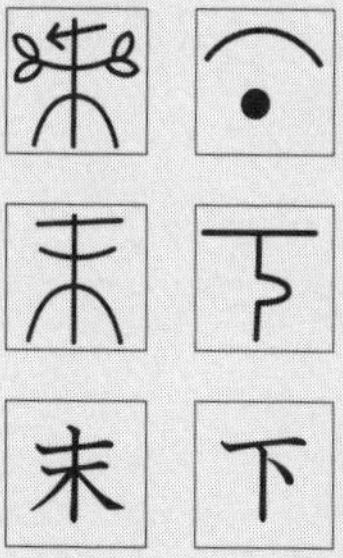

（３）会意《かいい》文字＝組合せの妙技

「会意」は二つあるいはそれ以上の「文」（象形文字や指事文字）を組み合わせて別の新しい字を作る方法です。「合わせてその意味を表す」ということで一種の合わせ字だと考えればよいでしょう。林・森・炎・禁などがそうです。こうした作り方によってできたものを「文」に対して「字《じ》」といいます。

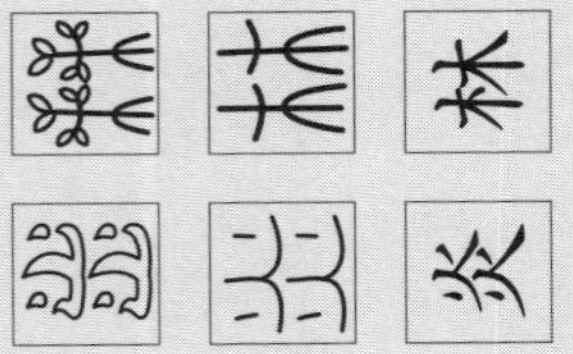

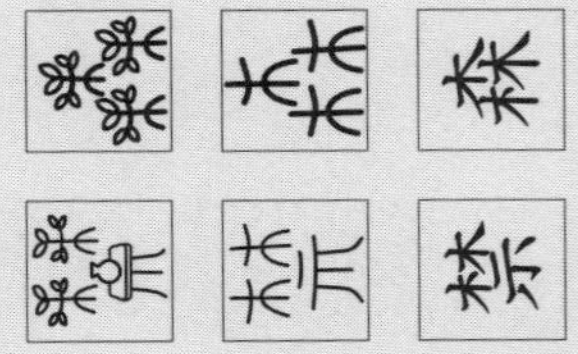

（４）形声《けいせい》文字＝音と意味を併せ持つ

「形声」は二つ以上の漢字の持つ形（象形）と声（発音・音符）を組み合わせる作り方です。長江の「江」や黄河の「河」は「川」を示す「氵」と、その川の呼び名である「工」（コウ）・「可」（カ・ガ）とを合わせたものです。銅・効・攻・雲・梨なども形声文字で、一部に同じ発音を含む文字が入っています。また「株」（シュ・かぶ）は「樹木」の意味を表す「木」と「朱」（切株の木質部のあかい色と同時にシュという音を表す）を合わせて「株」（の原字・シュ）という字になりました。このように、字によっては音を表す部分自体も意味を兼ねることがあります。

（5）転注《てんちゅう》＝三段論法の手法で

「転注」は車が回転するように、ひとつの文字がほかの意味に転じ、また、水が注がれて流れるように、その本来の意味を引き延ばし、他の意義に転用する、といったような意味で、簡単にいえば「もとの意味を発展させて解釈した使い方」とでもいいましょうか。たとえば「悪」は「亜」と「心」の合わせ字ですが、本来の意味は「美」や「善」に対する「悪」で音読みは「アク」ですが、悪いものは憎まれるというところから「にくむ」意味になり、この時の読みは「オ」（憎悪・悪心など）となります。こうした使い方を転注といいます。

（6）仮借《かしゃ》＝当て字もできた

元の意味とは関係なしに、ただその音だけを借りて他の意味に転用するものです。「仮」

も「借」も「借りる」ことを意味し、いわば同音異義の字を借りて表すという方法です。

たとえば「我」、これは刃がギザギザになった「戈」（ほこ）を手に持った形（象形）ですが、昔「われ」のことを「ガ」と言ったので「我」（ガ）の音を借りて代名詞を表した仮借文字です。『「耳」を漢文で「のみ」と終助詞にあてるのも「而矣」（ジイ）の音に仮借して耳の一字を用いたものであろう』（白川静『字統』平凡社）といいます。「而」（ジ）は本来口ひげの意味で「濡・耐」などの字にも用いられていますが、これを接続詞・助詞・代名詞に用いるのもすべて仮借したもので、漢文の読み下しでは「しこうして」と読みます。

日本語でわかりやすく例えるならば、熟語で「せわ」を「世話」と書き、外来語（ポルトガル語）の「カッパ」を「合羽」（雨よけに着るマント）と書くといったような方法です。この場合の「世話」には、「世」や「話」のどこにも「気を配って面倒をみる」などという意味はなく、ただ単に「世」が「せ」であり、「話」が「わ」という音を用いるだけです。言葉が増えてくると、事柄やその概念を表す文字がないと不便です。そうしたとき、その新しい言葉の音に当てはまる既成の漢字を借りて代用したわけです。

第二日目

漢字の書き・この厄介なもの

（1）漢字の書き順や書き方を覚える

TVでも書き順クイズが

ある週刊誌から『知らないと恥をかく「漢字の書き順」』という特集を組みたいので筆順についての原稿をほしいという依頼が来ました。「筆順」というのは昔からの言い方でいうと「書き順」のことです。いまは「筆順」という言い方もしています。

「難しい字でも読み書きできるようになりたい、とはいうけれど『書く』とはいってもなあ。簡単な漢字でも書き順を間違えていることは多いからなあ。自分の名前の書き順すらあやふや……そんな大人も意外と少なくないからなあ」と嘆いている管理職がいましたが、そんなに書き順というものは大事なのでしょうか。

この書き順は間違っている、いや、これが正しいのだなど、そんなに言い合うほど、漢字というものは「書き順」を間違うものなのでしょうか。そして、それほど大事なことなのでしょうか。テレビの番組として書き順問題が提出され、人気番組になっているというのですから、首を傾げてしまいます。

ましてや、その番組のテーマが「正しい筆順は？」だというのです。「正しい筆順」とは何を指しているのか、私は興味津々でした。ある時、その番組を見る機会がありました。見ていたら、ある小学生用の辞典とその辞典名を明示して「○○によって出題」と画面の右下に小さく引用していました。

「ははあ、このテレビの『正しい・間違い』は、この小学生用の辞典で示しているとおりに書けているか、どうかということなのだな」と分かりました。その番組としての主体的な書き順の正誤に対する考え方は抜きにして、よりどころにしているその辞典に寄りかかっているのです。その辞典が載せている書き順を基準にして、その辞典どおりならば正解というわけです。果たして出場タレントたちはその辞典を手元において勉強してきているのでしょうか。「私は漢検の○級に合格している」などと胸を張る出場者もいるのですが、だからどうだというのでしょう。そして、失礼ながら、その辞典は正しいのでしょうか。その漢字字体は「許容」も含めて書かれているのでしょうか。

最近は文書の形式も、ずいぶん横書きが多くなってきました。とはいっても、年輩者などはまだ従来どおりの縦書きが一般的なのではないでしょうか。私たちは、だいたい筆記具を右手に持って、右手で書くことを普通としています。

左利きの人は漢字、ひらがな、カタカナなど、日本字を書くには学校で教えている書き順でなく、別の書き順のほうが便利なこともあり、一般的な書き順ではそぐわず不利であろうと思いますが、だからといって、こうした人たちが自分の書きやすいような順で書いた場合、それは間違いだと、だれがとがめることができるでしょうか。

利き手が右手の人の場合、よっぽどの人でない限り、文字を書くときは（もちろん文字にもよるとは思いますが）、上から下へ、左から右へという順で書いていく習慣がついています。下の部分を書いてから上の部分を書くなどという人にお目にかかったことはありません。だれでもそうだと思います。一年生で習う『上』は三画の字です。あなたはこの『上』という字を書くとき、下の横棒を書いてから、次に縦棒を書き、最後に上の短い横棒を書くなどという人を見たことがありますか。

上から順に、丨 ‐ 一（縦、横、横）と書くか、‐ 丨 一（横、縦、横）と書く人はいますが、一番下の横棒をはじめに書くなどという人はいません。「右」や「左」という字の書き順がよく問題になりますが、これを問題にする人たちには共通した「書き順」というものについての考え方の間違い（勘違い）があります。

そういうことをいう人たちの共通した間違いというのは「右・左」の字の書き順は異なり、

片方は「ノ・一」の順で、他方は「一・ノ」の順だというのですが、なぜ、そうなのかと問うと答えられません。そこまでは知らないのです。

『筆順指導の手びき』の説明

ここで言う「正解」とはなんでしょうか。はたして、そうした書き方でなければ不正解なのでしょうか。間違いなのでしょうか。これと違った順序でもよいと思いませんか。

確かに昭和三十三年（三月）に文部省（現・文部科学省）は、『筆順指導の手びき』なるものを発表し、その『手びき』に次のような「本書のねらい」を発表しています。その一部を抜粋して読んでいただきます（お読みになって驚かないでください）。

『～漢字の筆順の現状についてみると、書家の間に行われているものについても、通俗的に一般社会に行われているものについても、同一文字に2種あるいは3種の筆順が行われている。特に楷書体の筆順について問題が多い。』

まず、この部分ですが、「通俗的に～同一文字に2種あるいは3種の筆順が行われている」

そして「楷書体について問題が多い」と言っています。字によっては二、三通りの書き方があると認めているのですが、その「数通りの書き方が問題」だと言っているようです。

続けて次を読んでみましょう。

『このような現状から見て、今後教育における漢字指導の能率を高め、児童生徒が混乱なく漢字を習得するのに便ならしめるために、漢字教育についての筆順を、できるだけ統一する目的を以て本書を作成した。』

次がこれです。「筆順というものを決めた理由」です。『～教育における漢字指導の能率を高め』るためにというのです。先ほどの「問題」解決のために『指導を高め、混乱のないように』しなければならないということのようです。指導者側では「指導の能率を高め」児童側では「混乱がなく習得できるようにするため」にという目的です。

これは学校教育の現場での話です。筆順を一種に統一すれば指導者が楽です。それ以外の書き方はダメだと言えますから。そのほうが「便ならしめる」と言っています。だれのために？

そして、このことは確かでしょうか。きちんと実験した結果、一種に規定したほうが「便」ならしめることが分かったのでしょうか。そうした上での結論でしょうか。教育界全体が本気でそう思っているのでしょうか。当時の文部省だけの考え方なのでしょうか。

次を読んでみましょう。

『本書においては、とりあえず楷書体の筆順のみを掲げたが、楷書体の筆順がわかれば、行書体についても、おのずとそれが応用され得ると思われる。

もちろん、本書に示される筆順は、**学習指導上に混乱を来たさないようにとの配慮から定められたもの**であって、そのことは、**ここに取り上げなかった筆順についても、これを誤りとするものでもなく、また否定しようとするものでもない。**』（太字部分は筆者の注）

おやおや、この「本書のねらい」は、読んで分かるように『学習指導上に混乱を来たさないようにとの配慮から』出した手引き書だと書いています。そして、『ここに取り上げなかった筆順についても、これを否定するものでもない』といっています。「違う書き順でもいいんですよ」といっていませんか。この部分、もう一度読んでみてください。

なぜ、そんなことを言わなければならないのでしょうか。

それは『同一文字に2種あるいは3種の筆順が行われてい』て『特に楷書体の筆順について問題が多い』と思っているからです。本当にひとつの漢字に二種、三種の書き順があっては「問題が多い」のでしょうか。だれのために？　指導者？　それとも実際に書く子供？　社会一般がそう感じているでしょうか。

ところが、「問題が多い」から「ここに示すとおりに書かなければ間違いになる」とか「間違いにする」などということは一言も書かれていません。裏返せば二種あるいは三種の書き方があっても「問題が多い」ことはないのではないでしょうか。

しかも、文部省に「そうしなければ罰を与える」などという権利も権限もあるはずがありませんし、それどころか、「これ以外を否定するものでもない」とはっきりといっています。

そうですよね。ということは書き順というのは「正しい・間違い」という見方をするものではなく、「学校教育において教えるときの筆順」を「出来るだけ統一する」目的だと述べているのです。上記の文面では「殊に楷書体においては、ひとつの漢字に二種類も三種類もの書き順があるのは混乱を招きやすい」といってますが、だからといって、「必ずしもひとつの漢字にひとつの筆順しかないというわけではない」し「ひとつの漢字にはひとつの書き順と決めなければならない」といっているわけでもないのです。つまり、この漢字の書き順は「これ」とひとつに決めないと学校教育ではやりにくい、教えにくい、先生たちが混乱する、と考えているのではないでしょうか。

もしかすると、そうではなくて、教え方が「それ以外はバツだ」とか「ここがちょっと違うからマルにはならない」という教え方だから、親や子供が問題にするのではないかと考えているのでしょうか。しかし、実際問題として、これ以外の書き順でバツとは言えません。『手びきに取り上げなかった筆順についても、これを誤りとするものでもなく、また否定しようとするものではない』と書いてあります。これは、極めて常識的な考え方です。と同時に重大な考え方です。

こうした考え方をきちんと咀嚼《そしゃく》して、教師が親や子供に指導していれば、何の問題も起こらないのではないでしょうか。それなのに、「筆順はどれが正しいか」などと、子供の一生を左右するような入試の問題として取り上げ、合格・不合格とするから問題が起こるのではないでしょうか。だから、出題されることが神経を過敏にさせ、弊害が出るのです。この筆順問題で点数を減らされて不合格になったという生徒はいないのでしょうか。罪作りなことです。

ここまでお読みいただくと、お分かりでしょう。この文部省発行の『筆順指導の手びき』を持ち出して「正誤」がいえるとすれば、それは学校教育の現場の中だけであって、これが世の中一般に効力を発揮して通用するというものではないことがお分かりだと思います。「子供たちは学校でどう習っているか」「学校ではどう教えるか」という校内における内輪のことでしかないのです。それを先のテレビのように、一般社会にまで持ち込んで煽《あお》るような見せ方、放映をするのはフライングというものではないでしょうか。ましてや、一生を左右するような入学試験の問題として出題するというのはけしからぬことだと思いませんか。

ところで、この『筆順指導の手びき』は、昭和三十三年に示されたわけですが、その後、半世紀近くたった今はどうなっていると思いますか。世間一般にも浸透して、たいそう立派な「手引き」書に成長していると思うでしょう。

ところが、どっこい、そうではなかったのです。世間一般が知らない間に引っ込められてしまって、現在は影も形もありません。書店で求めようにも売っているところもありません。参考にしたくても、手に入らないのです。どうしてなのか問い合わせたところ「あの通達は、なかったことにしてくれ」ということのようでした。そんな通達があったことは「忘れてくれ」と言っているのと同じです。

「部首分類」でも

ほかにも同じような出来事がありました。それは漢字の部首分類表です。「当用漢字」を発表したところ、当用漢字のどの字がどの部に分類されるのか一字一字が「部首分類表」に分けて入れてありました。それがいつの間にか引っ込められてしまっていたのです。

私はしかるべきところに『秋』は「のぎへん」なのか、「火へん」なのかと問い合わせをしました。そうしたら、しばらく待たされた挙げ句、どちらでもよいという返事でした。ですから今、国や文化庁などで定めている「これはこの部だ」といった漢字の部首一覧として決めたものは「ない」ということなのです。

まあ、当然といえば当然のことです。「この字はこの部だ」などと国が決めることでもないでしょう。国がそんなことを決められるわけもありませんし、漢字の部首などを国や文科省・文化庁などが「決める」などといった、そんなものでもないでしょう。

それどころか、我が国では『康熙字典』（十四ページ参照）の部首分類をもとにして、それぞれ出版各社で部首分類なるものを作っています。現在、辞典作りに携わる人が中国の『康熙字典』の部首にこだわっていたら常用漢字の部首分類は作れません。したがって、中には漢字の辞典なのに、「ツ」の部、「ム」の部、「ハ」の部（「八」ではない）などというのも加えて作っている辞書もあります。こうしてみるとまるで国語辞典の索引と勘違いしませんか（教科書に載っている漢字の分類も独自なものになっていて、これでよいのだろうかと思ってしまいます）。

話を戻して、「筆順の正誤」などというとき、『筆順指導の手びき』に照らして、それと同じなのが絶対的「正」で、それ以外は「誤」だとだれが言えるでしょうか。筆順というものはそういうものではありません。書き順（筆順）は一般に人々が文字を書くとき、おのずから書きやすく、形も整いやすく、美しく書ける筆の運び方で書いていくものです。こうした長い間の経験の上に立って普遍化されて確立してきたものが書き順です。「これ以外は間違いだ」などということのほうが間違いなのです。

「これでもよいし、それでもよい」という字は、いろいろあります。たとえば「飛」「必」「凸」「凹」……など何人かの人に書いてもらってみてください。おそらく二、三種の書き順が出てくることでしょう。現に先ほども取り上げたように、『筆順の手びき』でも『同一文字に2種あるいは3種の筆順が行われている』といっているではありませんか。そのとおりなのです。

「何」という字などはその最たるものです。私の体験では、北海道から沖縄まで長い日本列島の中、行った先々どこででも、この「何」という漢字は二通りの書き方に分かれます。旁《つくり》の部分の『可』の書き順に原因があるのです。「横棒」を書いた後に「縦はね」を書くのか、「横棒」の次に「口」を先に書くのかです。面白い現象です。あなたはどんな順序で書いていますか。

ところで、学校ではなぜ『上』を「縦棒」から書かせるのでしょうか。それは現場の先生なら分かりますが、れっきとした経験上の指導の優位性があるからです。先生方の考え方は「文科省がいうから」というのが真意ではないのです。

「上」という字は、書写指導上どうしてもマスの中心に書くのが難しく、右側に寄ってしまいがちな字なのです。そうならないようにさせるには、まず、マスの中心に「縦棒」を書かせ、そして上の短い「横棒」を書いて、最後に下の長い「横棒」を書くというようにさせれば、枠の真ん中にきちんとバランスよく書けるのです。「よこ　たて　よこ」の順ですと、出来上がった字が枠の右側に寄ってしまいがちです。これは幼児に書かせてみればよく分かることですし、現場でまじめに指導してみれば分かることです。したがって「上」は「たて　よこ　よこ」が指導上いいのです。

「下」はマスの中に中心がずれないように「横画」を書き始めますから問題ありません。その次には、今書いた「横画」の真ん中あたりに次の「縦棒」を持ってくればよいのですから簡単です。最後の「、」は言うに及ばずでしょう。

「忄」の書き順は

ある都市での漢字講演会で、漢字には「何通りもの書き順がある」ものがあるという話をしたとき、ふくれっ面をして文句を言った人がいました。「立心偏」（りっしんべん「忄」）を持つ字、例えば『情』の左側は「てん　てん　縦棒」でしょうか、それとも「縦　てん　てん」でしょうか、あるいは左から順に「てん　縦　てん」でしょうか。「快」「忙」「悦」など、みな該当する漢字です。

私に言わせるならば、結論から言いますとこの三種とも「正解」です。こういう答えは御不満ですか?　念のために申しますが、『筆順の手びき』では「てん　てん　たてぼう」の順に書かせるようになっています。

それは『筆順の手びき』に幾つかの「筆順の原則」というものがあり、「原則三　中が先」という書き方の決まりがあって、その中に「小」「当」「水」などが例として出ていて、これらはすべて「中が先」の原則に従って、「縦棒」から書き始めることになっています。

しかし、この原則三には「例外」というのが二字あり、それがこの「忄」の付く字と「火」なのです。この二種だけは「筆順の原則」では「てん　てん」から始めることになっています。したがって『火』は「てん　てん　人」の順で「ソ　人」の順で書くわけですし、『情』も「てん　てん　縦棒」と「忄」を書いて、そのあとで右側に「青」を書く順だというわけです。

念のため繰り返しますが、『筆順の手びき』の「使用上の留意点」の中には、

『～本書に取り上げた筆順は、学習指導上の観点から、一つの文字については一つの形に統一されているが、このことは、**本書に取り上げられた以外の筆順で、従来行われてきたものを誤りとするものではない**』

と、明示されています。ここで「三種とも正解」といったのはこうした理由からも肯定していただけると思います。

筆順について、お固く「筆順の原則」に示されたとおりでなければ「間違い」だという人はこの限りではありません。せっかく文部省が手引きを作ってくれたのだから、それにそぐわな

いものは排除しようというなら、それはそれです。
とはいいますが、だからといって、どんな書き順でもよいというものではありません。物事には常識というものがあります。文字とて、だれが書いても「こう書く」か「そう書く」といった常識があります。突拍子もない書き順などあり得ません。

書き順の覚え方のコツ

次に、できるだけ漢字の書きやすい書き方をするための極意を伝授いたしましょう。
私は漢字の字形を「上下型」「左右型」「その他型」の三つに分けています。どんな漢字でもこの三種に分類できるわけです。その三種というのは次のとおりです。

下村式の字形の三分類

（1）「宀」（うかんむり）や「艹」（くさかんむり）などのつく字は「**上下型**」、
（2）「亻」（にんべん）や「木」（きへん）などのつく字は「**左右型**」です。
（3）そして「遊」「氏」などは上下にも左右にも分けられないので「**その他型**」です。

まず、漢字をこの三種に分類しましょう。「上下型」でも、「左右型」でもないものは、すべて「その他型」に分類してください。

下村式の始筆の四分類

次に、ひらがなでも、カタカナでも、漢字でも、文字には「**始筆**」（**書きはじめ**）というものがあります。その「始筆」には「一　｜　ノ　丶」の**四種**しかありません。

あなたの姓でも名でも、あるいは友人の氏名など思い浮かべてみてください。「山田」ならば真ん中の縦棒から書き始めるので始筆は「｜」からということになりますし、「下村」ならば横棒から始まりますから「一」です。日本文字の書き始めはこの四種のどれかになることがお分かりでしょう。それ以外の書き始めというのはありません。

漢字をこうした「字形」と「始筆」に分解できる目を持っていれば、大きな書き順の間違いを犯すことはほとんどありません。

教育漢字一〇〇六字を分類すると、その比率は次のとおりです。

（1）縦棒から始まる字……小　町　貝　山など……一四・一パーセント
（2）横棒から始まる字……校　林　草　大など……三二・〇パーセント
（3）てんから始まる字……音　学　空　衣など……二三・五パーセント
（4）斜め棒から始まる字…右　先　金　白など……三〇・三パーセント

では、次項で間違いやすい漢字を含めながら、書き順の問題に挑戦していただきましょう。

コツは、字形が「何型」で、始筆が「何」から始まる字かを真っ先に考えることです。

（２）間違いやすい漢字と書き順の問題

次の（1）～（16）はいわゆる『筆順指導の手びき』の説明と、それに該当する漢字の例です。ずいぶん細かく規定してありますので、これを全部覚えるのは困難です。

そこで、（1）～（16）の各条の例に使っている漢字を前記、『下村式の「三つの字形」と「四つの始筆」』の考え方で「口唱法®」（下村式の漢字の唱え方）を交えて記しておきます。

書きの練習をするには書き始める前に漢字の細部までよく観察することが肝要です。

（1）上の部分から下の部分へ書いていく字（大原則1）

〔字形と始筆、そして口唱法（唱え方）〕

三……「その他型」で「上から下へ」…（真ん中短く　よこぼう三本）

言……「その他型」で「上から下へ」…（てん　いち　よこよこ　口をかく）

工……「その他型」で「上から下へ」…（よこ　たて　よこぼう）

喜……「その他型」で「上から下へ」…（士　ロ　ソ　一　口＝し　ろ　そ　いち　くち）

（2） 左の部分から右の部分へ書いていく字

①左から右に並んでいる縦画や点も左から書く（大原則2）

〔字形と始筆、そして口唱法（唱え方）〕

川……「その他型」で「左から右へ」…（立てたノ　たてぼう　たて長く）

順……「左右型」で「左から右へ」…（三本「川」に、一　ノ　目　ハ）（「頁」部分は上から下へ）

州……「その他型」で「左から右へ」…（てん　ノ　てん　たて　てん　たてぼう）

学……「上下型」で「上から下へ」…（「ツ　ワ　子」と書く）（「ツ」部分は左から右へ）

挙……「上下型」で「上から下へ」…（ツを書いて　よこ一　八で　手をなかに）（「ツ」部分は左から右へ）

魚……「上下型」で「上から下へ」…（ク　田　てん四つ）（「灬」は左から右へ順に）

②左・右の部分、また左中右の三つの部分からできている漢字でも左から書く（大原則2）

〔字形と始筆、そして口唱法（唱え方）〕

竹……「左右型」で「ノ」から…（ノ　よこ　たてで　ノ　よこ　たてはね）

羽……「左右型」で「かぎ」から…（かぎまげはねて　ンを書き　かぎまげはねて　ンつけ

林……「左右型」で「ヨコ」から…（よこ　たて　ノに　てん、よこ　たて書いて　左右にはらう）

例……「左右型」で「ノ」から…（イを書いて（にんべんに）一《いち》　夕《た》　りっとう）

湖……「左右型」で「丶」から…（さんずいに　よこ　たて　口《くち》書き　月を書く）

術……「左右型」で「ノ」から…（ノ　イと書き（ぎょうにんべん）ホにてんつけて　よこぼう二本で　たてはねる）

（3）横画と縦画が交わっている漢字（ほとんどの場合、横画を先に書く。原則1・原則2と7の例外は別）

〔字形と始筆、そして口唱法（唱え方）〕

七……「その他型」で「一」から…（よこぼうで　たてまげる）

切……「左右型」で「一」から…（よこ　たてまげて　七を書き　かぎまげはねたら　ノをつける）

大……「その他型」で「一」から…（よこぼうで　左にはらって　右ばらい）

太……「その他型」で「一」から…（よこぼうで　左右にはらって　てんつける）

（4）前後に他の点画が加わっても、横画と縦画が交わっているところは横画のほうを先に書く（原則[1]）

〔字形と始筆、そして口唱法（唱え方）〕

告……「上下型」で「ノ」から…（ノ一の　たて　よこ　下に口）

任……「左右型」で「ノ」から…（イを書いて　ノ一の　たてで　短いよこぼう）

木……「その他型」で「一」から…（よこ　たて書いて　左右にはらう）

寸……「その他型」で「一」から…（よこぼう　たてはね　てんつける）

（5）あとに書く縦画が二つ、また三つ以上になった字（横画のほうを先に書く。原則[1]）

〔字形と始筆、そして口唱法（唱え方）〕

共……「上下型」で「一」から…（よこ　たて　たて　よこ　ハをつける）

散……「左右型」で「一」から…（よこ　たて　たて　よこ　月を書き　ノ一と書いたら左右にはらう）

港……「左右型」で「丶」から…（さんずいに　よこ　たて　たて　よこ　八《ハチ》を書き　かなのコ書いたら　たてまげはねる）

編……「左右型」で「ノ」から…（糸へんに　よこぼう短く　コ　ノと書き　たて　かぎはねて　よこぼう入れたら　たて二本）

無……「上下型」で「ノ」から…（ノ　一と書いて　よこぼう長く　たてぼう四本左からよこぼう引いたら　てん四つ）

（６）さきに書く横画が二つ、また三つ以上になった字（横画のほうを先に書く。原則[1]）

〔字形と始筆、そして口唱法（唱え方）〕

用……「その他型」で「ノ」から…（たてたノに　かぎをはね　よこぼう二本で　たて長く）

通……「その他型」で「一」から…（マを書いて　たて　かぎはねて　よこ二本　たてぼう入れて　しんにょうつける）

耕……「左右型」で「一」から…（よこぼう三本　たて　ちょんちょん　よこぼう二本にたてたノ　たてぼう）

（7）さきに書く横画が二つ、または三つ以上の漢字で、あとから書く縦画が交わった後に曲がった字（横画のほうを先に書く。原則1）

〔字形と始筆、そして口唱法（唱え方）〕

夫……「その他型」で「一」から…（よこぼう二本で　人を書く）

春……「その他型」で「一」から…（よこぼう三本　人を書き　下に漢字の日を入れる）

実……「上下型」で「丶」から…（うかんむり　よこぼう三本　人を書く）

（8）前後に他の点画が加わった字（横、横、縦と、横棒のほうを先に書く。原則1）

〔字形と始筆、そして口唱法（唱え方）〕

末……「その他型」で「一」から…（長いよこぼう　短いよこぼう　たてぼう書いたら　左右にはらう）

妹……「左右型」で「ノ」から…（く　ノ　いち書いて　よこ二本　たてぼう書いたら　左右にはらう）

（9の1）横画が二つ、縦画も二つある漢字（二つの横画のほうをさきに書く。原則2）

〔字形と始筆、そして口唱法（唱え方）〕
囲……「その他型」で「｜」から…（外側のたてかぎ書いて　よこ二本　たてぼう二本で
　そこふさぐ）

（9の2）ただし、次のような漢字（または部分）は、横画と縦画が交わっていても、縦画の
　ほうを先に書く（原則2〈原則1の例外〉）

〔字形と始筆、そして口唱法（唱え方）〕
田……「その他型」で「｜」から…（たて　かぎ書いて　中にたて　よこ　そことじる）
男……「上下型」で「｜」から…（たて　かぎ　たて　よこ　そことじて　かぎまげはね
　ノをつける）
町……「左右型」で「｜」から…（田んぼの田　よこぼう書いたら　たてぼうはねる）
細……「左右型」で「ノ」から…（くムと続けて　たて　ちょん　ちょん　たてかぎ　たて
　よこ　そことじる）
由……「その他型」で「｜」から…（たて　かぎ　たてぼう　よこ二本）
油……「左右型」で「丶」から…（さんずいに　たて　かぎ　たてぼう　よこ二本）

横……「左右型」で「二」から…（木を書いて　よこ　たて　たて　よこ　たて　かぎ書いて　たて　よこ　よこぼう　ハをつける）

画……「その他型」で「一」から…（よこ　たて　かぎで　中にたて　よこぼう二本で　うけばこを書く）

曲……「その他型」で「|」から…（たて　かぎで　たてぼう二本　よこ二本）

豊……「上下型」で「|」から…（たて　かぎ書いて　たて二本　中によこぼう　そこふさぎ　一　口　ソ　一で豆を書く）

農……「上下型」で「|」から…（たて　かぎ　たて　たて　よこ二本　よこ一　ノをつけよこ二本　たてぼうはねたら　左右にはらう）

角……「その他型」で「ノ」から…（クを書いて　たてたノ　かぎはね　たて　よこ二本）

再……「その他型」で「一」から…（よこを書き　たて　かぎはねて　たて書いて　よこぼう中に　下は外まで）

構……「左右型」で「一」から…（木を書いて　よこぼう　たて　たて　よこ　よこ長くたて　かぎはねて　たて　よこ二本）

王……「その他型」で「一」から…（よこ　たて　よこ　よこ）

玉……「その他型」で「一」から…（よこ　たて　よこ　よこ　てんつける）
主……「上下型」で「丶」から…（てんいちで　たてぼう書いたら　よこ二本）
差……「その他型」で「丶」から…（ソ　王　ノ　エ、「王」は　よこ　たて　よこ　よこ）
佳……「その他型」で「ノ」から…（ノ　たて　てんいち　たて　よこ三本）
雑……「左右型」で「ノ」から…（数字の九に　木をつけて　イに　てんいちで　たておろし　よこぼう三本終わりを長く）
確……「左右型」で「一」から…（石へんに　ワ　イと続けて　てんいち書いて　たてぼう書いたら　よこ三本）
観……「左右型」で「ノ」から…（ノいちに　よこぼう　イを書いて　てんいち　たてでよこ三本　右に漢字の見るを書く）
馬……「その他型」で「｜」から…（たて　よこ　真ん中たてぼう入れて、よこぼう二本でかぎまげはねて　そしてさいごに　てん四つ）
駅……「左右型」で「｜」から…（たて　よこ　たてで　よこ二本　かぎまげはねて　てん四つ　右に　コの字に　人を書く）
青……「上下型」で「一」から…（よこ　たて　よこ　よこ　月を書く）

生……「その他型」で「ノ」から…（ノいちの　たてで　よこ二本）

麦……「上下型」で「一」から…（よこ　たて　よこ　よこ　クに　右ばらい）

清……「左右型」で「丶」から…（さんずいに　よこ　たて　よこ　よこ　たて　かぎはねたら　よこ二本）

冓……「上下型」で「一」から…（よこ　たて二本　よこ二本　たて　かぎはねて　たてを書き　よこぼう二本　下長く）

寒……「上下型」で「丶」から…（うかんむり　よこ　たて　たてで　よこ二本　八を書いたら　ちょんちょんつける）

講……「左右型」で「丶」から…（ごんべんに　よこ　たて　たてで　よこ二本　たて　かぎはねて　たて　よこ二本）

（10）左中右の三つの部分に分けられる漢字（または部分）のうち、中が縦画で左右が一画か二画ぐらいの場合は、中を先に書く（原則3）

〔字形と始筆、そして口唱法（唱え方）〕

小……「左右型」で「亅」から…（たてぼうはねて　ちょん　ちょんを書く）

少……「左右型」で「｜」から…（たて　ちょん　ちょんで　ノをつける）
京……「上下型」で「丶」から…（てんいちに　平たい口で　小を書く）
示……「上下型」で「二」から…（よこぼう二本で　小を書く）
宗……「上下型」で「丶」から…（うかんむり　よこぼう二本で　小を書く）
当……「上下型」で「｜」から…（たてぼう　ソ　かなのヨを書く）
光……「上下型」で「｜」から…（たて　ちょんちょんで　よこぼう入れて　儿（人の足））
水……「左右型」で「｜」から…（まんなか　たてはね　フで　左右にはらう）
永……「上下型」で「丶」から…（てんを書き　かぎぼうはねて　フを書いて　左にはらって右ばらい）
緑……「左右型」で「ノ」から…（糸へんに　ヨの下長く　たてぼうはねて　左にンで　右には　く）
暴……「上下型」で「｜」から…（平たい日　よこ　たて　たてで　よこ長く　八の字書いたら　たてはねて　左にンで　右には　く）
衆……「上下型」で「ノ」から…（ノ　たて　かぎで　たて　たて　よこぼう　イに　ノを二つ　左右にはらう）

(11) 外側が囲まれているような形の漢字(外側を先に書く。原則4)

〔字形と始筆、そして口唱法(唱え方)〕

国……「その他型」で「|」から…(たてぼう書いて　かぎをつけ　よこ　たて　よこ　よこ　てんをつけたら　そこ閉じる)

因……「その他型」で「|」から…(たてぼう書いて　かぎをつけ　中に大の字　そこふさぐ)

円……「その他型」で「|」から…(たて　かぎはねて　中にたて　よこ)

内……「その他型」で「|」から…(たて　かぎはねて　中に人)

肉……「その他型」で「|」から…(たて　かぎはねて　人二つ)

納……「左右型」で「ノ」から…(糸へんに　たて　かぎはねて　人いれる)

司……「その他型」で「一」から…(かぎまげはねて　中にいち　口)

(12) ただし外側が囲まれている形でも、区・医は次のように書く(原則4の例外)

〔字形と始筆、そして口唱法(唱え方)〕

区……「その他型」で「一」から…(よこいち　メをいれ　たてまげる)

医……「その他型」で「一」から…（よこいちに　ノいちの　大で　たてまげる）

(13) 左に払う画と、右に払う画とが交わったり、接したりしている漢字は左払いを先に書く

（原則5）

〔字形と始筆、そして口唱法（唱え方）〕

文……「その他型」で「丶」から…（てんいちで　左にはらって　右ばらい）
人……「その他型」で「ノ」から…（左にはらって　右ばらい）
交……「上下型」で「丶」から…（てんいちに　ハを書いて　左にはらって　右ばらい）
故……「左右型」で「一」から…（よこ　たて　口書き　ノいちを書いたら　左右にはらう）
収……「左右型」で「｜」から…（たてぼう　レを書き　又を書く）
処……「その他型」で「ノ」から…（クに　右ばらい　几（つくえ）書く）
入……「その他型」で「ノ」から…（左にはらって　右ばらい）
欠……「その他型」で「ノ」から…（ノフと続けて　人を書く）
金……「その他型」で「ノ」から…（人やねに　よこぼう二本　たて　ソ　いち）

（14）字の全体を貫く縦画は最後に書く（原則6）

〔字形と始筆、そして口唱法（唱え方）〕

中……「その他型」で「｜」から…（たて　かぎ　よこぼう　まんなかたてぼう）

神……「左右型」で「丶」から…（てん　フ　たてぼう　ちょんつけて　たて　かぎ　よこ　よこ　たておろす）

車……「その他型」で「一」から…（よこ　日　よこぼう　たてながく）

半……「その他型」で「丶」から…（ソ　二　たてぼう）

事……「その他型」で「一」から…（よこいちで　口を書き　ヨの中長く　たてはねる）

（15）左側（または右側）に払う画にも、先に書くものと後に書くものとがある（例外。原則で説明できないもの）

〔字形と始筆、そして口唱法（唱え方）〕

①先に書く「にょう」など

九……「その他型」で「ノ」から…（ノを書いて　かぎまげはねる）

及……「その他型」で「ノ」から…（ノを書いて　フを続けたら　右ばらい）

皮……「その他型」で「ノ」から…（立てたノに　よこぼうはねて　たて書いて　そして最後に又を書く）

②後に続く「にょう」など

近……「その他型」で「ノ」から…（ノ　ノ　よこ　たてで　しんにょうつける）

建……「その他型」で「一」から…（ヨの中長く　よこ二本　たてぼう書いたら　廴・フに続けたら右ばらい）

直……「その他型」で「一」から…（十の　目にたてまげ・L）

（16）特に注意すべき筆順（大原則と原則で説明できないもの）

〔字形と始筆、そして口唱法（唱え方）〕

反……「その他型」で「一」から…（よこぼう　ノを書き　又を書く）

有……「その他型」で「ノ」から…（ノを書き　よこ書き　月を書く）

左……「その他型」で「一」から…（よこぼうに　ノをつけて　かなのエを書く）（原則8）

友……「その他型」で「一」から…（よこぼう　ノを書き　ヌをつける）

右……「その他型」で「ノ」から…（ノに　よこぼうで　口つける）（原則8）

男……「上下型」で「｜」から…（たて　かぎ　たてで　よこ二本　かぎまげはねて　ノをつける）

別……「左右型」で「｜」から…（口を書き　かぎまげはねて　ノをつけて　たてぼう二本で終わりをはねる）

長……「その他型」で「｜」から…（たて　よこ四本終わりを長く　たてぼうはねたら　左右にはらう）

馬……「その他型」で「｜」から…（たて　よこ　真ん中たてぼう入れて　よこぼう二本でかぎまげはねて　そしてさいごに　てん四つ）

点……「上下型」で「｜」から…（たて　よこ　口で　⺣・てん四つ）

王……「その他型」で「一」から…（よこ　たて　よこ　よこ）

上……「その他型」で「｜」から…（たて　よこ　よこ）

座……「その他型」で「丶」から…（てんいち　ノ　人を二つに　たて　よこ二本）

発……「その他型」で「一」から…（フに　ちょんつけて　右にちょん　右にはらって　ちょんつけて　よこぼう二本で　ひとあしつける）

必……「その他型」で「丶」から…（てんに　ノを書き　右にながしてはねてから　左にて

んで　右にもてん）
快……「左右型」で「丶」から…（ちょん　ちょん　たてぼう　ユに　人を書く）
蔵……「上下型」で「一」から…（くさかんむりに　ノを書いて　よこいち　たて　よこ
ちょん　コ　ちょん　よこ　たすきで　てん）

第三日目

読み方を知れば怖くない

（1）読めない漢字を読んでみる

基礎文字と応用文字

第一章（第一日目。二十二ページコラム参照）で述べた「六書」の方法によってできた漢字の中には、漢字の作り方（でき方）ばかりでなく、漢字の読み方まで推し量るヒントが隠されています。「文《もん》」と「文《もん》」とを合わせて新しい「字《じ》」を作るということをいいましたが、その方法が「会意」とか「形声」という方法でした。

基礎文字としての象形文字――「文《もん》」であるところの「木」を二つ合わせて「林」という字形を作り、木がたくさん茂ったところ（「手入れの行き届いている木の茂ったところ」という人もいます）、すなわち「林」という字にし、この「木」を三つ合わせて「森」という字を作りました（木の生い茂っているところ、「人の手の行き届いていない森林」という人もいます）。こうした方法でできた字が「会意文字」とか「形声文字」などといわれるものです。これが先の基礎文字に対する応用文字です。

こうした考え方を利用して、たとえば「文」である「木」と、もう一つの「文」である「交」（足を互い違いに組む）とを組み合わせて「校」＝木をX型に組み合わせて作った手や足を絞める刑具であるところの「かせ」という字を作りました。そしてこの「校」という字の意味は、「刑具の意味」としての「かせ」だけでなく、「ものを教え、習うところ」という、知識のやり取りの意味の「学校」の「校」にもなり、将校、校尉（宮城の守備をつかさどった武官）などとしての意味の「校」にもなり、校正・校閲などの意味の「校」にもなるというように使用範囲も広がっていきました。

このように「文」と「文」を結び付けて新しい概念（漢字）を作る場合には、片方を「意味」、もう片方をその字の「読み」とする方法がとられました。「校」の場合は左側の「木」が意味部分を受け持ち、右側部分の「交」は「コウ・まじわる」という意味と同時に読みとしての「コウ」を受け持っているわけです。すると本来「交」の持っている「互い違いに組む」という意味と「コウ」という読みとを使って、この字も「コウ」と読むことが分かります。

このように「交」「校」「佼」「絞」「郊」など「コウ・交」を持つ漢字はほぼ「コウ」と読み、「互い違いに組む・互い違いに交わる・行ったり来たり交流する」などの意味があることが推測できます。そのとおりで、「佼」は「人」と「交わる」で「足をねじらせて、からだをくねらせ、なよなよとする人」であり、「佼人」（コウジン）といえば「美しい人・なまめかしい人」のことであり、「佼好」（コウコウ）といえば「顔かたちなどがなまめかしいこと」の意味になります。

さらに「絞」は「糸」と「X型に交わる—交・コウ」ですから「ひもで絞める」ことだと分かりますし、「郊」は「阝」が部首名を「おおざと」といって、もとは「邑」（ユウ・むらざと）だと知っていれば、町から少し離れた人が行き来できるあたりのことだと分かります。そうすれば、だから「郊外」などと使うのだなと納得します。

漢字がこのようにして増えていった事情が分かれば、「当たらずとも遠からず」でいろいろな漢字が読めるようになるでしょう。

「音」の役目を持つ部分を探す

基本的にはその漢字のどこかにその漢字の読みのヒントが隠されている、このような作り方をしたものが大部分なのだ（おそらく九十パーセントくらいは）と信じてよいと思います。こうした「形声」という漢字の作り方を知っているか否かで、漢字が読めるか否かの違いが出ることは確かでしょう。しかしその場合、「音《おん》」（読み）に相当する部分の漢字が読めなくては何とも致し方ありません。

漢字には漢音、呉音、唐音（七十五ページのコラム参照）などのような中国語読みと、訓といわれる日本語読みとがありますので、この両方の読みを知らなくてはどんな漢字も読めるようにはならないわけですから、やはり一字一字をきちんと知ることの積み重ねが基本になります。

ともかく、こうした作りの字の例を挙げてみましょう。（　）の中が漢字の音（読み）を示す部分です。

（1）左は意味、右が音…「江」（工）…工作の道具（コウ）と川とで、大陸を貫く大河。

（2）左は音、右は意味…「攻」（工）…動詞の記号（攵）と「工」（コウ）で、攻める。突っ込む。

（3）上は意味、下は音…「花」（化）…植物の記号（艹）と「変化」の「化」（カ）で、つぼみ→花→散って落ちるといったように変化する植物。

（4）上は音、下は意味…「賞」（尚）…財貨（貝）とそれに相当する意味の「尚」（ショウ）で、功労に相当する褒美。

（5）外は意味、内は音…「固」（古）…囲いと古い（コ）で、周囲からがっちりとガードされて動きがとれない。

(6) 外は音、内は意味…「悶」(門)…心と門(モン)で、胸がふさがって外に発散せず、もだえること。

このほかに、音《おん》(その字の読み)が漢字の右上、左上、右下、左下に組み合わさっている字もありますが、知らない字でもこうした音の部分を見つければ、その音に助けを借りて結構読めてしまうものです。

理屈ではそういうことですが、数多い漢字ですから、残念ながらそうした法則に則っている漢字ばかりでないことも事実です。例えば「法規」、この字のどこに「ホウ・キ」という読みのヒントになる漢字部分が隠されているでしょうか。

『法』はサンズイに去年の「キョ」であり「ホウ」と読めるものはありませんし、『規』は「おっと」に「ケン・みる」で、これまた「キ」と読む部分はありません。ですからこの熟語の場合「法規」のどこにもこの熟語の読みは隠されていません。そうした字については自分で調べるなりして覚えるしかありません。しかし、漢字は五万も五万五千字もあるといわれていますから、長い年月をかけて漢字を使いながら覚えることにならざるを得ないでしょう。「法規」のような字は例外だと安心してはいられません。

お遊びにこんな字はいかがでしょうか。

「凭」…「任」＋「几」です…つくえ（几）に身を「任せる」…ヒョウ・ビョウ・よる・もたれる…机や台に身を任せるですから「もたれる・もたれかかる」と読みます。

「靠」…「告」＋「非」です…コウ・コク・たがう・そむく・よる・たよる・よりかかる・もたれる…「相違うこと」です。「告」が音（読み）をあらわします。

「凭」も「靠」も同じような意味です。こんな字、読めませんよね。

さあ、次項でそれぞれの漢字を読んでみましょう。それぞれの漢字のどこかに、その字の読み方のヒントが見つかれば万歳です。まずウオーミングアップに次の①～⑳を読んでみてください。初めの「吸」は旁《つくり》の「及」がこれだなと分かります。

【練習問題】

①吸　②供　③源　④誤　⑤詞　⑥誌　⑦捨　⑧淑　⑨縮　⑩創

⑪朗　⑫裏　⑬界　⑭忘　⑮導　⑯貸　⑰溶　⑱星　⑲荷　⑳囲

【答え】

①キュウ（及）・すう　②キョウ（共）・ク・グ・そなえる・とも

③ゲン（原）・みなもと・はじめ・もと　④ゴ（呉）・あやまる
⑤シ（司）・ジ・ことば　⑥シ（志）・しるす　⑦シャ（舎）・すてる
⑧シュク（叔）・よい・しとやか・きよし・よし　⑨シュク（宿）・ちぢむ
⑩ソウ（倉）・きず・はじめる・つくる　⑪ロウ（良）・ほがらか・あきら
⑫リ（里）・うら　⑬カイ（介）・さかい　⑭ボウ（亡）・わすれる
⑮ドウ（道）・みちびく　⑯タイ（代）・かす
⑰ヨウ（容）・ユウ・とける・とかす・とく　⑱セイ（生）・ショウ・ほし
⑲カ（何）・に・になう・はす　⑳イ（井）・かこむ・かこう・めぐる

（２）間違いやすい漢字・なんと読む？

【問題１】音よみ（カタカナ）を入れてください。

①侍（　　）②凝（　　）③倣（　　）④喚（　　）
⑤妨（　　）⑥慣（　　）⑦版（　　）⑧碑（　　）
⑨枝（　　）⑩祉（　　）

※答えは七十三ページ

【問題２】熟語に読み仮名をつけてください。

①自負（　　）②無残（　　）③追従（　　）
④赤銅（　　）⑤刷新（　　）⑥眼力（　　）
⑦留鳥（　　）⑧類型（　　）⑨枝葉（　　）
⑩悪銭（　　）⑪病巣（　　）⑫重複（　　）
⑬歯列（　　）⑭英知（　　）⑮口述（　　）
⑯拝借（　　）⑰卒然（　　）⑱無益（　　）

⑲仲人（　　）　⑳器量（　　）　㉑師事（　　）
㉒号泣（　　）　㉓風情（　　）　㉔舌戦（　　）
㉕得策（　　）　㉖性急（　　）　㉗非力（　　）
㉘断腸（　　）　㉙険悪（　　）　㉚拡張（　　）

※答えは七十三～七十四ページ

【問題1の答え】 ※音よみ（カタカナ）が書ければ正解です。

①侍（ジ・さむらい）　②凝（ギョウ・こる）　③倣（ホウ・ならう）
④喚（カン・—）　⑤妨（ボウ・さまたげる）　⑥慣（カン・なれる）
⑦版（ハン）　⑧碑（ヒ）　⑨枝（シ・えだ）　⑩祉（シ）

【問題2の答え】

①自負（じふ　）　②無残（むざん　）　③追従（ついじゅう・ついしょう）
④赤銅（しゃくどう　）　⑤刷新（さっしん　）　⑥眼力（がんりき　）
⑦留鳥（りゅうちょう）　⑧類型（るいけい　）　⑨枝葉（しよう　）
⑩悪銭（あくせん　）　⑪病巣（びょうそう　）　⑫重複（ちょうふく・じゅうふく）
⑬歯列（しれつ　）　⑭英知（えいち　）　⑮口述（こうじゅつ　）
⑯拝借（はいしゃく　）　⑰卒然（そつぜん　）　⑱無益（むえき　）
⑲仲人（なこうど　）　⑳器量（きりょう　）　㉑師事（しじ　）
㉒号泣（ごうきゅう　）　㉓風情（ふぜい　）　㉔舌戦（ぜっせん　）
㉕得策（とくさく　）　㉖性急（せいきゅう　）　㉗非力（ひりき・ひりょく）

㉘断腸（だんちょう　）　㉙険悪（けんあく　　）　㉚拡張（かくちょう　）

コラム　呉音・漢音・唐宋音・慣用音

【呉音とは】

『呉』とは、中国江蘇省の長江（揚子江）以南の地方をいいます。中国史の上では、春秋時代と三国時代の二度、君主国家としても名前が登場します。

五・六世紀頃（奈良朝以前・聖徳太子が摂政となったのが五九三年）、この地方は、当時の日本との交流が盛んでしたので、この地方での漢字の読み方が多く日本に伝えられたのです。七、八世紀になって、遣唐使らが「漢音」を日本に持ち込む以前に、既に日本に入っていた漢字の発音を「呉音」といいます。つまり、最初に日本に取り入れられた発音が「呉音」ということになります。他にこの地方から伝わってきたものに織物などもあり、「呉服」という言葉にもその名残りがあります（呉から伝来した方法で織った布地ということのようです）。

この呉音は、朝鮮半島から対馬を通って日本に伝わったと考えられたことから「対馬音」とも呼ばれていました。

「ろうにゃくなんにょ＝老若男女」と読むのは呉音で、「ろう・じゃく・だん・じょ」と読むのは漢音です。

【漢音とは】

我が国では六三〇年に最初の遣唐使が唐を訪問し、六四五年に大化の改新が行われ、初めて「大化」という年号を採用しました。そうした流れの中、やがて唐の漢字音が正音とされ、漢音と呼ばれるようになりました。

八世紀頃（奈良から平安にかけて）の時代になると、今度は中国北部の漢中地方（当時の唐の都・長安、今の西安を中心とする地方）の発音が、我が国に伝わってきたのです。七世紀から九世紀にかけての奈良時代から平安時代の初期には、遣隋使や遣唐使の派遣も活発になり、多くの僧は当時の唐の都・長安に留学し、先進的な唐文化を学び、中国西北地方の「漢音」を学んできました。

例えば「供」という字は呉音では「供物」の「く」と読んでいましたが、「供給」は「きょうきゅう」と読みます。この『供』を「きょう」と読む読み方が漢音読みです。

『日』という字は、「呉音」では「にち」（日光、日記）、「漢音」で「じつ」（昨日、本日）

と発音します。はじめ呉音読みだったものが現在では漢音読みに変わったという言葉はたくさんありますが、「なん」と読む『男』は今は「だんし」（男子）、「にょ」と読む『女』（女性・にょしょう）は「じょせい」。「食堂」（じきどう）は「しょくどう」というように、呉音読みが漢音読みに変わったものがいろいろあります。

【唐宋音も入ってきた】

呉音・漢音のほかに、もうひとつ「唐宋音」というのがあります。以前、唐音と呼ばれていたものが唐宋音（あるいは宋音）とも呼ばれるようになりました。鎌倉時代に渡日した宋の僧侶や商人がもたらした新しい南方の音読みだといわれています。呉音、漢音などはその時代の王朝名を表す言い方でしたが、唐音は「中国」ということを言い表す語（日本語特有の語で「唐土・もろこし」）です。遣唐使の中止で途絶えた日中の交流が鎌倉期以後にまた再開し、禅宗の留学僧や民間貿易商などによってもたらされたのだそうです。繻子（しゅす）、杜撰（ずさん）、水団（すいとん）、扇子（せんす）、行灯（あんどん）、箪笥（たんす）、湯麵（たんめん）などという読み方がそうです。

【慣用音とは】

大正時代以後になると呉音・漢音・唐宋音に属さない読み方も出てきました。多くは間違って読んでいたとか、発音しやすく言い換えたとか、あるいは旁の部分を勝手に類推して読んでいたなどと考えられる、いわゆる間違い読みがあります。そうした読みを知らず知らずのうちにみんなが使うようになって、広まっていった読み方です。そうしたものを「慣用音」などともいいました。辞書には「慣」のようにしるしがついています。

例えば「消耗」の『耗』は呉音や漢音の読みでは「こう」ですが、これを「しょうもう」と読んだり、「洗滌」の『滌』は「でき」ですが「せんじょう」と読んだりしています。こうした読みが慣用音といわれるものです。

しかし、慣用音の認定には現在は複雑な問題を含んでいるようで、辞書によっても差違があるようです。

第四日目

正しい字形とはなんなのか

（1）漢字を正しく書くためのコツ

「正しい字体」とは

「漢字を正しく書く」などということができるのでしょうか。脅かすようなことを言いますが、このことは考えてみれば重大な問題です。小学校でこんなことがありました。

一年生です。漢字の書き取りテストで「天」という字が出ました。この子供は自信満々に書いて提出しました。ところがどっこい、バツになって返されました。その子供も親も腑《ふ》に落ちません。後日、先生になぜバツなのか聞いてみると「天」の横棒は上を長く下を短く書かないといけないのだそうです。この先生もよく観察したものです。次ページの「天」を見比べてみてください。

確かに教科書体の「天」は上の横棒が下の横棒より長く書かれています。しかし、旧字体の「天」は上の横棒が短く、下の横棒が長く書かれていませんでしたか。漢数字の「二」のような形です。ところが教科書体の「天」は上が長く、下が短いのだそうです。これが何対何の割合で長さを違えなければいけないなどということは書かれていませんし、そんなことはだれも気付きません。もし上下ともあまり変わらない長さだったら「天」とは読めないとでもいうのでしょうか。また、下が極端に短かったら駄目でしょうか。旧字体の「天」、あれは現在では嘘字なのでしょうか。ともかく旧字体と教科書体とが字体が違っていたのです。

天　天　天

私なら、この子の書いた字が明らかに「人」の部分が上まで突き出て「夫」のように書かれていたら駄目ですが、そうでなければ、少なくともバツにまではしません。二本の横棒の上下の長さが同じように見えるくらいという、そんな程度でしたら……。

鉛筆の芯の太さによってはそう見えることもありますし、極端に長いとか、極端に短いということでないかぎり、バツとは言い切れないのではないでしょうか。私なら、初めからそんな字は書かないように教える自信があります。

もし、その先生がストイックな先生で、どうしてもこの子の書いた『天』が気になるのなら、その子を呼んで「もう一度書いてごらん」と書かせてみればよいでしょう。

ここで大事なことは、先生が最初に「天」をどう指導したか、子供が意識するような指導（この場合は上が長く下を短く書くこと）をしていたのか、ということと、もうひとつは「天」

を書いたのか「夫」を書いたのか分からないような書き方をしないような注意をきちんとしたか、どうかです。

「土」を書くのに縦棒が一画目の横棒の上に突き抜けないと「工」と読み間違えられてしまいます。また、下の横棒を短く書いてしまうと武士の「士」と間違えてしまいます。そうした字についてはきちんと意識して書き分けることが大事です。そうした教え方が出来ているかどうかは大きな指導技術の違いになります。それが指導というものです。「正しい指導」というのはそうしたものです。

「噓」は噓字か、「異体字」か

ついでですから、もうひとつ、いわせていただきます。読者の方から、次のような質問をいただいたことがあります。

『コンピュータで調べると「噓」と出てくるし「明解漢和辞典」(三省堂)を見ると、やはり「噓」となっていて「噓」は正字と説明が出ている。そして「下村式小学国語辞典」(偕成社)は「噓」になっている。さらに「標準国語辞典」(旺文社)は「虚」も「虛」と小さく出ている。どちらでもいいのなら、なぜ「下村式小学国語辞典」（偕成社）は「嘘」だけしか載せていないのか教えてください。』

書店にはいろいろな表記の辞典があって、親も子供も面喰らっているのでしょう。そうした姿が思い浮かびます。旧字体の字（例えば「台」が「臺」になっている）や、略字、異体字（例えば「虚」を「虚」と書くこと）などは間違いなのでしょうか。こういう字を誤りとするかしないかは辞典の作り方次第です。

「**改定常用漢字表の性格**」（平成二十二年六月七日文化審議会答申「改定常用漢字表」文化庁ホームページ）には、次のように書かれています。

『「新たな漢字使用の目安となることを目指したもので」あり、「改定常用漢字表は一般の社会生活における漢字使用の目安となることを目指すものであるから、**表に掲げられた漢字だけを用いて文章を書かなければならないという制限的なものでなく**」、「表に**掲げられていない漢字を使用することもできる**ものである。」』（注：太字は著者）

こうしたことを知っている人ばかりではありませんし、この質問の手紙のように「ウソ」は『嘘』か、あるいは『噓』が本当なのかといわれたら、次のように答えるほかありません。辞典としては旧字体の『虚』は常用漢字では『虚』に変わりましたが、「ウソ」は『噓』のままで常用漢字には『噓』という形では入っていないのです。『噓』は常用漢字に含まれていませんので常用漢字ではないのですから、旧字体どおり『噓』と使うことになります。これは常用漢字字体とそれ以外の漢字との違いというほかありません（ただし中国・簡体字には『嘘』があります）。

『虚』がれっきとした常用漢字なのだから「ウソ」も『嘘』でよいだろうといわれても、そうはいかないでしょう。常用漢字表に入っている字なら、その字体は公文書でも使用する漢字になりますし、字体表にない、いわゆる旧字体漢字ならば、そのままの旧字体漢字が正しいということになるだろうと思われます。

公的文書でなく、一般に使う手紙など正式文書でない限り、常用漢字でも異体字でも、あるいは旧字であってもそれは間違いではなく、字体の違いだということで通るでしょう。もちろん公式の文書以外で、個人の『個』を「仐」と書き、歴史の『歴』を「厂」とするなどといった例はいくらでもあります。世間一般では私的な文書として気軽に使われています。こうした字のことを「通用字」とか「簡易慣用字体」などといっています。

使う人がお互いに正式な字体ではないことを意識していればよいのではないかと思います。新聞などでも独自に慣用字体も使うようになってきているようです（その例『鷗』⇒「鴎」という形の字体を作って使う。今は常用漢字体になっている）。

漢字を書く場合の誤用

漢字表記で気をつけなければならないのは、勘違い、うっかりミス、勉強不足が原因での誤用です。「専門」を「専問」と書く、「成績」を「成積」と書く、などといった間違いはありがちです。漢字二字でできている熟語を書くとき間違えやすいのはその言葉と「同音である」とか「類似の字形である」というものが誤りやすいもののようです。これが問題なのです。

①字音が同じで、字形も似ていて、誤りやすいもの……（例）栄と営と榮
②意味も字音も違うが、字形が似ていて誤りやすいもの……（例）敗と財、哀と衰
③意味も字形も違うが、同音で誤りやすいもの……（例）考と孝、候と侯、滋と慈
④意味も字音も違うが、同訓・同アクセントで誤りやすいもの……（例）挙がる・揚がる、

表れる・現れる

こうした言葉は間違いやすいようです。使い分けの問題ですから注意が必要です。

（２）漢字の形の問題

【問題１】つぎの「　」の部分の違いを普段から意識しているか否かで理解が問われます。各問の「ひらがな」部分について間違えないように意識しながら、漢字で書いてください。

（１）「壬」か「王」かの違い

①子供の世話を親に「まかせる」。……（　　　）
②仕事の報酬として支払う金銭を「ちんぎん」という。……（　　　）
③裁判を行うところが「ほうてい」です。……（　　　）
④初版本を「しんてい」する。……（　　　）
⑤「せいじん」を「ひじり」ともいう。……（　　　）

（２）「开」か「旡」かの違い

①着いてすぐに「かいかいしき」が始まった。……（　　　）
②二種の薬を「へいよう」すると危険がある。……（　　　）

③寒いとぜんそくの「ほっさ」が起こりやすい。……（　　）
④愛用の自転車を「はい棄」処分した。……（　　）
⑤金属の表面を「けんま」する。……（　　）

（3）「𥫗」か「⺌」かの違い

①捧げものを「うやうやしく」供える。……（　　）
②食品「てんか」物をなるべく使わないよう工夫する。……（　　）
③子犬がうちの子を「したって」ついてくる。……（　　）
④お餅が「こげる」においだ。……（　　）
⑤「にもの」のおいしさがわかる。……（　　）

（4）「見」か「貝」かの違い

①交通「ほうき」に泣かされる。……（　　）
②濃霧で「しかい」が利かない。……（　　）
③早寝のせいか、夜中に目が「さめ」る。……（　　）

④台湾と「ぼうえき」協定を結ぶ。……（　　）
⑤長者の万灯より「ひんじゃ」の一灯。……（　　）

(5)「干」か「于」かの違い

①新聞の「きゅうかん」日はさみしい朝だ。……（　　）
②大きく「きし」を洗う波。……（　　）
③「のきした」で雨宿りする。……（　　）
④『「いも」を洗う』は、込み合っている様子。……（　　）
⑤洗濯物を「ほす」。……（　　）

(6)「ヨ」か「羽」かの違い

①「にちよう」が待ち遠しい。……（　　）
②陸上競技で「ちょうやく」力を試す。……（　　）
③この頃になって「しゅうじ」を習い始めた。……（　　）
④機体の安定を確保する「びよく」。……（　　）

⑤遠足の「よくじつ」は雨だった。……（　　）

（7）「又」か「攵」かの違い

①今年は「しゅうにゅう」が増えたらしい。……（　　）
②環境対策に「どりょく」して、ゴーヤを植えた。……（　　）
③政治の腐敗に「いかる」。……（　　）
④「かいさつ」口から定期券で出る。……（　　）
⑤ざるそばを「さんまい」食べた。……（　　）

（8）「刀」か「力」かの違い

①十人並みの「たいりょく」がある。…………（　　）
②「けいやく」書に印鑑が必要です。……（　　）
③相手の失策で味方が「いきおい」づいた。……（　　）
④商品の「はんぷ」会を開催する。……（　　）
⑤転んで頭を「きる」ようなこともあった。……（　　）

(9)「旦」か「且」かの違い

①水質の「けんさ」に回っている。……（　　）
②「こうせい」と「惑星」との共演。……（　　）
③「ひる」ごはんはラーメンどんぶり。……（　　）
④肌触りが「あらい」布地だと困る。……（　　）
⑤何かと「べんぎ」を図ってもらっています。……（　　）

(10)「土」か「士」かの違い

①今は「あつりょく」といわずプレッシャーという。……（　　）
②都会から離れた場所を「ざい」という。……（　　）
③五十の「こえ」を聞くとさびしくなる。……（　　）
④信用を「うり」にする。……（　　）
⑤人の顔と名前が「むすび」つかない。……（　　）

(11)「易」か「昜」かの違い

①小学生にも分かる「やさしい」用例がほしい。……(　　)

②結構な贈り物を「たまわり」ありがとうございます。……(　　)

③たったひとつの「ちめいしょう」になった。……(　　)

④祝日には国旗を「あげ」る。……(　　)

⑤柄にもなく、胃「ちょう」が悪い。……(　　)

(12)「弋」か「戈」かの違い

①一金「に」万円也。……(　　)

②結婚式に着る「しきふく」がない。……(　　)

③わたしに「かわって」出てもらいたい。……(　　)

④名指しされないように「けいかい」している。……(　　)

⑤「ちいき」の名士も呼ぶそうだ。……(　　)

(13)「予」か「矛」かの違い

①この問題の判断は、君に「あずける」よ。……（　　）
②冊子の「じょぶん」は自分で書くことにする。……（　　）
③彼は「にゅうわ」な顔で終始した。……（　　）
④今度の新人は「きんむ」態度も上々だ。……（　　）
⑤灯台の「むてき」が鳴ってらあ、さびしいねえ。……（　　）

(14)「羊」か「䍧」かの違い

①学力が水準に「たっし」なかった。……（　　）
②「おそき」に失する。……（　　）
③「よう」の東西を問わない。……（　　）
④親は新婚の二人の「こうふく」を祈っているものだ。……（　　）
⑤「しっこう」猶予。……（　　）

【問題1の答え】

（1）
①任せる　②賃金　③法廷　④進呈　⑤聖人　聖

（2）
①開会式　②併用　③発作　④廃棄　⑤研磨

（3）
①恭しく　②添加　③慕って　④焦げる　⑤煮物

（4）
①法規　②視界　③覚め　④貿易　⑤貧者

（5）
①休刊日　②岸　③軒下　④芋　⑤干す

（6）
①日曜　②跳躍　③習字　④尾翼　⑤翌日

（7）
①収入　②努力　③怒る　④改札　⑤三枚

(8)
①体力　②契約　③勢い　④頒布　⑤切る

(9)
①検査　②恒星　③昼　④粗い　⑤便宜

(10)
①圧力　②在　③声　④売り　⑤結び

(11)
①易しい　②賜り　③致命傷　④揚げ　⑤腸

(12)
①弐　②式服　③代わって　④警戒　⑤地域

(13)
①預ける　②序文　③柔和　④勤務　⑤霧笛

(14)
①達し　②遅き　③洋　④幸福　⑤執行

【問題2】 字形が似ていて間違いやすい漢字

ある公園の案内に『こうしゅうべんじょ』とひらがなで書いてありました。これっておかしくありませんか。一般的に「ひらがなで書いたのでは、意味がわかりにくい」のではないでしょうか。幼児や小学生を意識して、ということなのでしょうか。

あなたは「べんじょ」を漢字ではどう書きますか。

「べんじょ」は『□□』が正しい。

『参考』

便所のことを「厠」（かわや）ともいいます。『厠』は、水の流れる溝の上に設けられていたところから、川の上に掛けられた屋の意味で「川屋」だとか、母屋のすぐそばに設けたところから「側屋」（かわや）だとかとする説があります。

【問題2の答え】……便所

「使」と「便」は形が似ていて間違いやすい字です。違いをみておきましょう。

（1）「使と吏」のでき方

「亻」（人）と「吏」（記録係の役人）の合わせ字

「吏」は物を書く仕事をする役人の通称。上級の職にあるものを「官」といい、直接民政を処理する下級役人を「吏」ということもあります。

「使」は役人が字を書くのに筆を使い、筆で紙に字を書くには手を使う、というわけで、「使う」の意味を表します。「官吏」の中には「紙にものを書く専門職」の人が多くいました。

（2）「便と更」のでき方

「亻」（人）と「更」（かまどの火をかき回す形で、火を起こすこと）の合わせ字

「更」は、かまどの火を火かき棒でかき回す形で、消えそうになった火をかき回し、明るくするように、人も励まし、「やる気を起こさせる」ということで「強制する」つまり「あらた

めさせる・かえる」意味から「かえる・かわり・さらに・ふける」などの意味で使うようになりました。

「便」は消えそうになったかまどの火をおこすように、人を励まして、やる気にさせることで「つごうがよい・やりやすい」の意味を表しました。「ベン」は呉音、「ビン」は慣用音です。

第五日目

漢字の使い分け『交じる』か『混じる』か

(1) 漢字の使い分けのコツ

同音や同訓異字の使い分けのコツ

「熟語」というのは二つ以上の漢字が結びついて一語として用いられるようになったものです。「熟字」とも言います。また「複合語」という言い方もあります。

複合語は熟語ばかりではありません。「ほの白い」「咲き匂う」「仰ぎ見る」のように合成語になったものもあります。

漢字の使い方は、その意味を知らないとわからないものです。「どう書くのか」と聞かれても、聞かれた言葉の意味を知らないと漢字そのものが思い浮かばないでしょう。

それほど漢字と「ことば」とは密接に関わりがあるものです。というよりも「漢字」は「字」とはいいますが、平仮名や片仮名と違って「ことば」そのものなのです。

ところが、同じ漢字でも漢音あり呉音あり、唐音あり、慣用読みがありといったように、ひとつの漢字でも何通りにも読めるものがあります。そしてその読みがそのまま「ことば」になるわけですからややこしくなります。その最たるもののひとつが「行」で、同じ「行」でも「行進」「修行」「行灯《あんどん》」など、どんな字との組み合わせになるかで読み方も変わります。

次の（1）～（12）は、異なる読み方によって意味も変わる熟語の例です。

（1）正気（せいき）…正しい気風や意気
（しょうき）…意識が正常なこと

（2）能書（のうがき）…効能書き
（のうしょ）…よく書をすること

（3）俗名（ぞくめい）…つまらない名声
（ぞくみょう）…生前の名前

（4）末期（まっき）…ある区切りの終わり
（まつご）…死の直前

（5）変化（へんか）…物事が変わるさま
（へんげ）…化け物

（6）人体（じんたい）…身体・からだ
（にんてい）…ひとがら・人品

（7）過言（かげん）…言い間違い
（かごん）…言い過ぎ

（8）自重（じじゅう）…自分自身の重さ
（じちょう）…慎重になること

（9）気骨（きぼね）…神経が疲れる場合
（きこつ）…信念を貫こうとする心

（10）上手（かみて）…舞台などの右手
（じょうず）…ものにすぐれたさま

（11）同行（どうこう）…一緒に行くこと
（どうぎょう）…連れだってお参りすること

（12）目下（もっか）…いま
（めした）…自分より地位や年齢が低い人

このように読みが異なると意味が違ってしまう言葉はいろいろありますが、面白いことに漢字の音読みは日本語で発音するとき、ある一定の法則があるといわれています。その漢字一字を二音で読む場合は二番目の音が必ず「い・う・き・く・ち・つ・ん」の七音のどれかになるといいます。これを「く・つ・う・い・ん・ち・き」と覚えるとよいといわれています。

愛ならば「あい」、栄ならば「えい」ですから、どちらも二音目は「い」ですし、山ならば「さん」ですから「ん」だというわけです（こういうことを知っていたからといって、何の役に立つことでもないでしょうが、ちょっと面白いですね）。

ところで私たちが日常使っている漢語には同音語が多いものです。そこで同音語の使い分けを考えるとき大事なのは一つひとつの漢字の意味を考えることです。小学生からの質問です。

金魚がパクパクしはじめて様子がおかしくなったのだそうです。

『水槽に食塩を少し入れたらいつもの常態に戻った』と書くのが正しいのか、『…いつもの状態に戻った』なのかというのです。

「状態」と「常態」についての使い分けの質問だということは分かることだと思います。

「状態」も「常態」も「ありさま・ようす」の意味ですが、どちらでもよいというわけにはいきません。「状態」は「ある時期におけるありさま・ようす」であり、使い方としては、大人の場合の例として挙げるならば「危篤状態」とか「そのときの心理状態は……」のように使います。そして「常態」は「いつものありさま・平常の状態」であり、「新委員長の就任によって労使争議で荒れた職場を『常態に復する』」のように使います。

小学生の質問文での「いつもの常態」では冗語（無駄な言葉）になり、おさまりがよくありません。しかし、内容的には食塩を少し入れたら「常態」に戻ったということらしいですから、質問の答えとしては「常態」だと思います。

この場合の「常」「態」の意味は何でしょうか。「常」は「平常」であり、「態」は「状態」、したがって「平常な状態」が「常態」だということになります。ですからこそ「いつもの」は削除させると、すっきりとした文章になります。

一字一字の「漢字」の意味に立ち返る

このように、数多くの同音語を使い分けるには熟語を構成する一字一字の漢字の意味に立ち返ることになります。もし、「意志」と「意思」ならば、「志」と「思」の違いを知らなければなりません。「志」は「思い」より強く「あることを成し遂げようとする積極的な心組み」です。「いし薄弱」という言葉なら、「意思薄弱」でなく、「意志薄弱」だということになります。

ここでは同音語をアイウエオ順に並べ、設問形式の文によって問題になる同音語の場面設定を行ってみました。そして、その場面によって使い分けが考えられるよう設定しました。そのあとに、それぞれの設問の解答と解説を載せるという方式にしてあります。

数ある同音熟語のうち、だれもがたびたび迷う熟語を吟味して常用の糧となるよう抽出したつもりです。しかし、残念ながら紙数の関係で「あ」から「お」まで、その中でも特に必要と思われるものの中から少しだけしか載せられませんでした。同音、同意語の問題の奥深さだけは分かっていただけると思います。

(2) 漢字の使い分けの問題

【問題1】

「あいかん」という音の響きには、何となく、もの悲しいものがあります。その原因は「あいかん」の「あい」が「哀」という字だからでしょう。しかし……

「あいかん」には次の二つがあります。

(1) 哀感

(2) 哀歓

◆十年も「あいかん」を共にして暮らしてきた彼との別れが近づいた。という場合の「あいかん」は、右のうちのどれを書きますか。

【問題1の解説と答え】

「哀」は「悲しみ」ですが、ここでは「かん」の意味を考えてみましょう。「感」は「心が動く、心を動かす、物事にふれての心の動き」ですし、「歓」は「よろこび」です。そこで、設問を考えてみましょう。「彼とは十年も一緒に暮らしてきた」というのです。「悲しみ」の「心の動き」を共にしたのか、「悲しみ」や「喜び」そのものを共にしてきたのか、どちらでしょう。そうです。「悲しみや喜び」を十年も共にしてきたのです。それなのに別れなければならない事情ができたというのです。「十年も〈哀歓〉を共にして暮らしてきた彼との別れ」というわけです。

（1）哀感・ものがなしい感じ。悲哀感。「―を深くする」

（2）哀歓・かなしみとよろこび。「―を共にする」

のように使います。したがって、設問の【正解】は「哀歓」です。

【問題2】

今度は同じ「あい」でも、悲しみの「哀」か、かわいがったり慈しんだり、大切にしたり、心を惹かれたりする意味の「愛」かという問題です。「あい」とはいっても「哀」と「愛」では大きな違いです。

「あいせき」には次の二つがあります。

（1）哀惜

（2）愛惜

◆蔵の奥にしまってあった茶箱から祖父母が「あいせき」していた品々が出てきた。という場合の「あいせき」は、右のうちのどれを書きますか。

【問題2の解説と答え】

まず、両方に共通している「惜」について考えてみましょう。「惜」は「物事を愛し大切にする。失われることを残念がる」ことです。そして「哀」は「かなしい・かなしむ」こと。「哀惜」は人の死についていう言葉です。それに対して「愛」は「そのものの価値を認め、強く引きつけられる気持ち」です。ですから「かわいがりいつくしむ心」とか「大事なものとして慕う心」などの意味があります。すなわち「その価値を認め、大事に思う心」です。設問では「祖父母の「あいせき」した品々が出てきた」というのですから、「祖父母の死をかなしみ惜しんだ」のではなく、「祖父母が愛惜した品々」すなわち「生前気に入っていて大切にしていた品々」が出てきたというわけです。

（１）哀惜・人の死をかなしみ惜しむこと。「―に堪えない」

（２）愛惜・①大切にし、手放したり損ねたりするのを惜しむこと。「―の念」②気に入って大切にすること。「故人の―した品」

のように使います。したがって、設問の【正解】は「愛惜」です。

【問題3】

自分が長子だからといって、今は、その家のあとを継いだり、後継者にならなくてもよいようです。長子が家を相続するというのは旧法のときのことであり、相続権は相続開始後三カ月以内に家庭裁判所に申し出れば相続放棄ができることになっています。

「あとつぎ」には次の二つがあります。

（1）後継ぎ

（2）跡継ぎ

◆時代が変わって、息子たちは誰一人家業の「あとつぎ」をしたくないという。

という場合の「あとつぎ」は、右のうちのどれを書きますか。

【問題3の解説と答え】

まぎらわしい言葉です。（1）の「後継ぎ」は、主として職業的な方面、（2）の「跡継ぎ」は、それぞれの家の「あととり」（家を相続するもの）と考えます。すると、この設問では

「家業のあとつぎ」ということですから、「家を相続する」というよりも「仕事を受け継ぐもの、後継者」と考えた方がよいでしょう。すると「あととり」ではなく「後継ぎ」としたほうがよさそうです。

（１）後継ぎ・前任者・師匠などの仕事を受けついでする人。後継者。「社長の―」

（２）跡継ぎ・家の跡をつぐこと、つぐ人。あととり。「名門の―」

のように使います。したがって、設問の【正解】は「後継ぎ」です。

【問題４】

本国に「あんごう」で通信したりするのはスパイですが、「あんごう」といっても秘密に約束してあるしるしだけでなく、偶然に一致したなどという「あんごう」もあるのです。

「あんごう」には次の二つがあります。

（１）暗号

（２）暗合

◆修学旅行のときの宿での過ごし方について、二人は「あんごう」していた。

という場合の「あんごう」は、右のうちのどれを書きますか。

【問題4の解説と答え】

高校生でしょうか。彼らは何か悪巧みでも考えていたのでしょう。見回りの教師や友人たちに見つからないように煙草を吸ってみようとか、酒を飲もうとか……、ともかく二人の考えていたことは同じだったというわけです。二人の考えが一致していたというのですから、ここは「暗合」です。

（1）暗号・通信の秘密を守るため、当事者間だけでわかるように決めた特殊な記号。「—の解読」

（2）暗合・偶然に一致すること。「期せずして意見が—した」

のように使います。したがって、設問の【正解】は「暗合」です。

【問題5】

「あんしょう」番号を忘れると大変なことになります。銀行でお金が引き出せなくなりますし、毎日使っているパソコンが開かなくなったりします。かと思うと、自分が急に健忘症にかかったのではないかと思ってしまうことまであります。「あんしょう」はうかうかできません。

「あんしょう」には次の二つがあります。

（１）暗証
（２）暗唱

◆最近、名文を「あんしょう」させる本が売れている。という場合の「あんしょう」は、右のうちのどれを書きますか。

【問題５の解説と答え】

古典などの一節を「空で覚えて唱える」本が売れているというのですから、暗証番号などの「暗証」でないことは分かります。「暗証」の「しょう」は「証明」の「証」、「暗唱」のほうの「しょう」は「唱」（となえる）ですから、問題文の理解さえ確実なら答えは出ます。

（１）暗証・預金通帳・クレジットカードなどで、署名のほかに、本人であることを証明するために使う文字や数字。「―番号」

（２）暗唱・文章などをそらで覚えていて、口に出してとなえること。「和歌の―」のように使います。したがって、設問の【正解】は「暗唱」です。

【問題6】

「いがい」なんていう字は「いがい」に「優し」かったり……？　いや、この場合は「易し」いと書くのじゃないかな。なるほど、「いがい」に漢字の使い方って難しいものですね。

「いがい」には次の二つがあります。

（1）意外

（2）以外

◆優勝候補に挙げられていたチームが二回戦で敗退したのは「いがい」だった。

という場合の「いがい」は、右のうちのどれを書きますか。

【問題6の解説と答え】

この間違いは「いがい」に多いようです。「以」は「それより」の意味です。「以上・以前・以降」などと使います。それに対して「意」は「考えや気持ち」であり「意外」は「意の外」だというわけです。そこで「優勝するはずだった」という、それほど強いチームが早くに負けたのですから、これは「意の外」だったわけです。

（1）意外・予想もしなかったこと。思いのほか。「事の―（さ）に驚く」「―な時に―の敗北」「―や―、彼が失敗してしまった」▽「と」を付けても使う。「―と知られない事実」

（2）以外・それを除いたほか（のもの）。「日本―の国」「関係者―立入禁止」のように使います。したがって、設問の【正解】は「意外」です。

【問題7】

今度は「いき」の問題ですが、「いき」といっても呼吸の意味の「息」ではありませんよ。かといって「意気」でもないし「粋」でもない。じゃあ、なんなんだよ！　まあ、そうあわてなさんな、次を読めば分かりますから……。

「いき」には次の二つがあります。

（1）遺棄

（2）委棄

◆今朝の新聞に、外国で邦人の死体「いき」事件があったと報じられた。

という場合の「いき」は、右のうちのどれを書きますか。

【問題7の解説と答え】

「遺棄」の「遺」は「遺失物」の「遺」で「とりうしなう」。「棄」は「棄権」「放棄」の「棄」で「すてる」意味を持ちます。それに対して「委棄」の「委」は「委任・委嘱」の「委」で「ゆだねる・まかせる」意味です。設問の「死体いき」は死体を任せる・ゆだねるのではなくて「置き去りにする」ことです。

（1）遺棄・捨てておくこと。置きざりにすること。「―死体」「親族―」

（2）委棄・物または権利を放棄して他人の自由にまかせること。「権利を―する」

のように使います。したがって、設問の【正解】は「遺棄」です。

【問題8】

小学生や中学生だったころ、学級会で夢中になって「議長！　いぎあり」なんて、思いっきり高く手を挙げたりしましたよね。あのころは若かったですねえ、年齢ばかりでなく思考そのものも……そうですか、今でもムキになる方ですか、いやはや、性格は変わらないものですねえ……。

「いぎ」には次の三つがあります。

（１）異議
（２）異義
（３）意義

◆社の方針に「いぎ」のある方は一週間以内に申し出てください。

という場合の「いぎ」は、右のうちのどれを書きますか。

【問題８の解説と答え】

「異議」と「異義」は書き間違えやすい言葉です。「異議」は「異なった議論」であり、「異義」の「義」は「意味」のことです。この際きちんと理解しておきましょう。設問は「いぎのある方」すなわち「文句のある人」というのですから、もちろん「異議」を使います。

（１）異議・ちがった議論・意見。特に、ある意見に対し、それを不服とする反対意見。「―あり」「―を唱える」「―申し立て」

（２）異義・ことなった意義・意味。「同音―」「同訓―」

（３）意義・①その言葉によって表される内容。意味。②行為・表現・物事の、それが行われ、また、存在するにふさわしい価値。「―のある事業」「―のある仕事」

のように使います。したがって、設問の【正解】は「異議」です。

【問題9】

「いぎょう」というと業種の違うこと（異業種）をいうのだと思うでしょうが、ここではそれではないのです。ノーベル賞を受賞した人の「いぎょう」を讃えるとか、まあ、いろいろありますよね。

「いぎょう」には次の二つがあります。

（1）偉業

（2）遺業

◆リストラを契機に独立した父親の「いぎょう」を、長男の私は否応なく継がされた。という場合の「いぎょう」は、右のうちのどれを書きますか。

【問題9の解説と答え】

「遺」は「遺言・遺児・遺骨」などの「い」ですから「遺業」は死んだ人が残していった事業です。生前に成しとげた場合にも完成しなかった場合にもいいます。父親はかなりの資金と精力をつぎ込んだのでしょうから、だれかがその後を継がなくてはなりません。その遺志を長男が継ぐことになったわけです。

（１）偉業・すぐれた仕事。偉大な事業。「田中氏の―を称える」

（２）遺業・故人が、後に残していった事業。「父親の―を継ぐ」

のように使います。したがって、設問の【正解】は「遺業」です。

【問題10】

「いけん」といって思い出すのは集団的自衛権の問題です。右も左も違憲・合憲と騒いでいました。学生運動華やかなりしころ活躍していたという人も「違憲」だといっていました。確かにそんな「いけん」もありますが、ここではもっとおとなしい「いけん」の問題なのです。

「いけん」には次の二つがあります。

（１）意見

（２）異見

◆部長からクラブの運営についての発表を聞いたが、ぼくには「いけん」があるんだ。

という場合の「いけん」は、右のうちのどれを書きますか。

【問題10の解説と答え】

文に書くとその違いが分かりますが、注意しないと（1）（2）のどちらの意味か判断しにくい言葉です。（1）は「ある問題についての考え」であり、いわゆる「個人の考え」。（2）は「他人と異なった考え」であり、設問を考えるについてのヒントは「発表を聞いたが」という部分です。ある方針が示されて、それについて……という意味ですから「異見」だと判断できます。（1）は「考え」ばかりでなく「自分の考えを述べて人を戒めること」にも用いられます。「君から意見してやってくれたまえ」のような使い方です。

（1）意見・ある問題についての考え。「自分の―を述べる」「君から―してやってくれ」

（2）異見・他と違った考え。「―を唱える」

のように使います。ここでの【正解】は「異見」です。

【問題11】

「いさい」という言葉は、あまり使うことがないようです。昔は「イサイ　メンダン」などというのは電報の電文例でしたが、この「イサイ」は「委細」であり、これは「詳しいこと、こまごました詳しい事情」であり、「委細かまわず」などとも使いますが、これは「事情がどうあっても」の意味です。ここでの問題は「委細」とは違う「いさい」です。
「いさい」には次の二つがあります。
（1）異彩
（2）異才

◆彼は二十世紀を代表する日本画家として「いさい」を発揮した。
という場合の「いさい」は、右のうちのどれを書きますか。

【問題11の解説と答え】

「異彩」は「彩」に「いろどり」の意味があり、普通とは違った彩りという意味から「異なって目立つ様子」とか「ひときわ優れている様子」をいうときに使います。「異彩を放つ」というと「多くの中で一段と優れて見える」ことです。それに対して「異才」の「才」は「才能・才覚」であり、「生まれつき備わっている能力」という意味合いが強いようです。
（1）異彩・きわだった色。異なったおもむき。「—を放つ」（きわだってすぐれている）
（2）異才・人並みすぐれた才能（を持つ人）。「偉才」とも書く。「—の持ち主」のように使います。この場合は同音の言葉で「偉才」とも書き、意味はほぼ同じです。

このように使います。したがって、設問の【正解】は「異才」です。

【問題12】

今度は「いじょう」について、です。やあ、終わりか、よかった、よかった！　などと思わないでください。まだ始まったばかりなんですから……。

そう、そう、「いじょう」には、尋常・平常でない意味の「いじょう」がありますよね。どちらも一緒だよ、などと納得して終わりにしないでくださいよ。

「いじょう」には次の二つがあります。

（1）異常

（2）異状

◆包丁を持って小学校に乱入したという人は「いじょう」な神経の持ち主だなあ。

という場合の「いじょう」は、右のうちのどれを書きますか。

【問題12の解説と答え】

「異」は「ちがう」こと。「常」は「つね・いつも」であり、「異常」は「いつも・ふだんと違う」、すなわち「並はずれている」ことです。そして、「異状」の「状」は「状況・状態」であり、「いつも・ふだんと違った状況」すなわち「普通と違った様子」をいいます。

（1）異常・普通と違っていること。「―な言動」「―事態」

（2）異状・いつもと違った、何か変わった状態。「西部戦線―なし」「父の容態に―が起こった」

のように使います。したがって、設問の【正解】は「異常」です。

【問題13】

『先生は君の将来を「いたく」心配していらしたよ』といわれたとき、あなたには「いたく」の意味がお分かりでしょうか。そして「いたく」を漢字仮名交じりで書けるでしょうか。現在はこんな言葉は使わないでしょうし、漢字も書けないでしょう。そこで、別の「いたく」です。

「いたく」には次の二つがあります。

（1）依託

（2）委託

◆新しい業務を総務課に「いたく」する。

という場合の「いたく」は、右のうちのどれを書きますか。

【問題13の解説と答え】

「託」はどんな熟語として使うでしょうか。「託送・付託・寄託・信託」などのように「たよりにして物事をまかせる・あずける」という意味です。では「依」はなんでしょう。「依頼」などというように「よりかかる・たよりにする」ことです。そして「委」は「処置を他人にまかせる・ゆだねる」ことですから「委嘱・委任」のように使います。

（1）依託・（自分の所でするはずの）仕事などを他に頼み、任せて、してもらうこと。「学資を支給している—学生」「外出する母に手紙の投函を—する」

（2）委託・取引などを他に頼んで、自分の代わりにしてもらうこと。「—販売」「新製品の販売を代理店に—する」

のように使います。したがって、設問の【正解】は「委託」となります。ちなみに、「いたく心配して……」の「いたく」は「甚く」と書きます。「はなはだしく・ひどく・大変」といった意味です。

【問題14】

「一利一害」というと、良いところもあるが悪いところもあるという意味で、なんのこっちゃ？　といわれそうですが、そういう言い方があるのです。早い話が、将棋や囲碁に夢中になるのも、麻雀に夢中になるのと同じで「一利一害」がある、といったような使い方をします。

なるほど、その考えには「一理」あるわい、などと感心しないでください。

「いちり」には次の二つがあります。

（1）一理

（2）一利

◆若い人たちの反対意見にも「いちり」あると思う。

という場合の「いちり」は、右のうちのどれを書きますか。

【問題14の解説と答え】

「一理」の「理」は「理屈・道理」の「理」ですし、「一利」の「利」は「利益・利点」の「利」です。そこで、『反対意見にも「いちり」ある』という場合、「一応の理屈・道理がある」といっているわけで、若い人たちの反対意見が「損得・利害得失ではかったもの」でないことはお分かりでしょう。
（1）一理・ひととおりの道理。「それも一理ある」「あの人の意見にも一理ある」
（2）一利・ひとつの利益。「百害あって一利なし」「一利一害」
のように使います。したがって、設問の【正解】は「一理」です。

【問題15】

こんな問題を出すと「いっかん」の終わりなどと嘆く人がいるかも知れませんが、ここでの問題はその「いっかん」ではありません。あなたの思う「いっかん」は「一巻」であり、「一巻の終わり」は物語が完了する意味ですから、すべてが終わることであり、万事休すといったところです。
「いっかん」には次の二つがあります。
（1）一環
（2）一貫
◆市の年間事業の「いっかん」として、待ちに待った保育所を造ることが決まった。
という場合の「いっかん」は、右のうちのどれを書きますか。

【問題15の解説と答え】

「一環」の「環」は、鎖など、つながっているものの中のひとつのものの意です。ですから「互いにつながりを持つ多くの事柄の中のひとつ」といった意味合いです。それに対して「一貫」の方は「始めから終わりまで貫き通すこと」であり、「一貫した態度」のように使ったりする言葉です。

（1）一環・全体としてのつながりの中の一部分。「福祉政策の―として」

（2）一貫・始めから終わりまで、ひとつの仕方・考え方で貫き通すこと。「終始―」「―した政策」

のように使います。したがって、設問の【正解】は「一環」です。

【問題16】

「一切合切」。これをなんと読むでしょうか。そうです、「いっさい・がっさい」ですね。では、どういう意味でしょうか。「全部、残らず」という意味です。お気の毒でしたが、神戸の震災や東日本の災害では家財の一切合切をなくした人たちも大勢いたそうです。そうした災害は今後も一再ならずあることですから、万全の方策を立てておきたいものです。

「いっさい」には次の二つがあります。

（1）一切

（2）一再

◆課長になったら「いっさい」の責任を負わなければならない。

という場合の「いっさい」は、右のうちのどれを書きますか。

【問題16の解説と答え】

「一切有情」「一切衆生」などという言葉を聞いたことがあるでしょうか。「この世に生きているすべての生き物」ということです。この「すべて」が「一切」です。ですから、設問は「課長になったら一度や二度は責任を負わなければならない」というのではなく、「すべての責任を自分が負わなければならない」のです。

（1）一切・①すべて。全部。残らず。「仕事の—を任せる」「—が自分に不利になってきた」「私物所持は—禁止する」②《下に打消しを伴って、副詞的に》全く。全然。「酒は—飲まない」「遅刻は—許さない」

（2）一再・一度や二度。「—ならず」「—にとどまらない」

のように使います。したがって、設問の【正解】は「一切」です。

【問題17】

野球ファンですか？「いっし」といったからといって、ワンアウトのことだなどと思わないでください。そう思った人はかなりの野球通なのかもしれませんね。ここでの「いっし」は野球ではありません。次をみてください。

「いっし」には次の三つがあります。

（1）一矢
（2）一糸
（3）一指

◆「いっし」一毫（いちごう〈きわめてわずかなこと〉）の狂いもない。

という場合の「いっし」は、右のうちのどれを書きますか。

【問題17の解説と答え】

「書いて字の如し」で、「一矢」は「一本の矢」で「一矢を報いる」と使い「敵からの攻撃に対して矢を射返しわずかでも仕返しをする。やりかえす。反撃・反論する」という意味です。一方「一糸」のほうは「一本の糸」で、「ごくわずか」なことのたとえです。そして、「一指」は「一本の指」ですから、「一指を染める」といったら「物事にほんの少し関係する」ことのたとえです。

（1）一矢・一本の矢。「―を報いる」（敵からの攻撃に対して矢を射返す。やりかえす。反撃・反論する）

（2）一糸・ひとすじの糸。ごくわずかなこと。「―もまとわない」（まっぱだかだ）「―乱れず」（秩序が整然としている）

（3）一指・ゆび一本。ほんの少し。「―も触れさせない」「―だに触れず」

のように使います。したがって、設問の【正解】は「一糸」です。

【問題18】

「一体全体どうなってるんだ?」などと、上司から怒鳴られたりしたことはありませんか?

この「一体全体」というのはどんな意味でしょうか。実は「ほんとうに・まったく」などのニュアンスを持ち、相手を責めて問いただすときに使う言葉です。ところが「いったい」はその意味の言葉ばかりではないのです。

「いったい」には次の二つがあります。

（１）一体

（２）一帯

◆天気予報によると、明日の東海岸「いったい」は晴れらしいよ。

という場合の「いったい」は、右のうちのどれを書きますか。

【問題18の解説と答え】

「一体」は「全般・総じて・全体」などの意味であり、「一帯」は「そのあたり全部」の意味です。そこで、設問は東海岸「いったい」は晴れだというのですから「ある地域（この場合は東海岸）全体」をいっていることが分かります。

（１）一体・（多く〈いったいに〉の形で副詞的に）総じて。おしなべて。また、もともと。「—、穏やかな人柄だ」「その日は—に進行が遅くて困った」「去年は—に寒かった」「計画は—に良好だ」

（２）一帯・そのあたりずっと。一面。「付近—」「このあたり—」

のように使います。したがって、設問の【正解】は「一帯」です。

【問題19】

どうも、守れそうで守れないのが交通道徳。例えば、踏切では「いったん」停車をして左右の電車を確認してから渡れというのに、マナーの悪いドライバーのために、毎年遮断機のさおが何十本も折られるとか……そうした事故の原因の「いったん」は道路を横切る線路を持つ鉄道会社側にもあるかも知れませんね。

「いったん」には、次の二つがあります。

（1）一旦

（2）一端

◆その当時はひどい不況時代だったが、それでも「いったん」は退社を考えたんだよ。

という場合の「いったん」は、右のうちのどれを書きますか。

【問題19の解説と答え】

「一旦」は「旦」が常用漢字でなかったため「いったん」と平仮名書きにすることが多いよ

うですが、「いったん家に帰って着替えてから出かける」などのように「ひとたび」の意味で使います。そして、「一端」は「全体の一部分」とか「一方のはし・かたはし」の意味であり、「所信の一端を述べます」のように使う場合は「ことがらの一部分」ととります。

（1）一旦・ひとたび。一時的に。一度。「―怒ると恐ろしい」「―決めたからにはやり抜く」「―帰ってから出直す」

（2）一端・部分。一方のはし。片はし。「所信の―を述べる」「所感の―を述べる」

のように使います。したがって、設問の【正解】は「一旦」です。

【問題20】

何気なく使ってはいますが「いっぺん」などという言葉は、考えてみればいろいろな意味があっておかしな言葉です。そういえば「いっぺんとう」などともいいますよね。「いっぺんとう」は「アメリカ一辺倒の政策」などのように「一辺倒」と書きます。ある方向にだけ偏ることです。

「いっぺん」には次の三つがあります。

（1）一変

（2）一片
（3）一遍
◆わたしの父親は、子供には「いっぺん」の愛情もかけたことがなかった。という場合の「いっぺん」は、右のうちのどれを書きますか。

【問題20の解説と答え】

ここでの「変」は「急に今までと違った事象が起こること。不時の災難」の意味であり、「天変地異・異変・地変・凶変」などの「変」です。そして「片」は「きれはし。ひとひら。ひときれ」の意味（「片雲・紙片・木片・断片・破片・薄片・切片・肉片」などのように使う）から、「ごく少量のもの」（「片言・片時・片鱗（へんりん）」など）の意味に広がった使い方です。さらに「一遍」の「遍」は「度数を数える語」としての役目を持つ「遍」であり「一遍・二遍・三遍目・何遍も」のように使います。

（1）一変・がらりと変わること、変えること。「事態が—する」「態度を—させる」
（2）一片・①一枚。ひときれ。ひとかけら。「—の紙切れ」「—の花びら」②少しばかり。わずか。「—の良心もない」

（3）一遍・①一回・一度。「—だけ行ったことがある」②（「—に」の形で）いちどき。一気。同時。「—に片付く」「—試してみる」③形だけであること。「通り—」のように使います。したがって、設問の【正解】は「一片②」です。

【問題21】

いっとき流行の先端のように「移動電話」なるものが登場しました。あこがれの的でした。映画などで石原裕次郎や渡哲也がかっこよく使っていました。それが今では子供からお年寄りまで携帯電話です。しかも「ケータイ」と表記します。同じ「いどう」電話なのに。「いどう」には次の三つがあります。

（1）移動
（2）異動
（3）異同

◆熟語の「前進」と「後退」という言葉の「いどう」は、反対語の関係だということです。という場合の「いどう」は、右のうちのどれを書きますか。

【問題21の解説と答え】

（3）の「異同」という言葉の「同」には、ほとんど意味がなく語調を整える役目をしています。したがって（3）は「異なっているところ。違い」といったような意味です。

（1）と（2）・（3）を間違えることはないでしょうが、（2）と（3）の違いは注意が必要です。（2）「異動」は住所や職場が変わること。（3）の「異同」の同義語は「相違」です。

（1）移動・位置を変えること。移り動くこと。移し動かすこと。「―図書館」「机の位置を―する」「民族大―」

（2）異動・地位や勤務などが変わること。「人事―」

（3）異同・一致しないこと。不一致。違った点。「両者に―はない」「初版と改訂版との―」

のように使います。したがって、設問の【正解】は「異同」です。

【問題22】

「まあまあ、そんなこといわないで、ここのところは俺に任せておきなよ」などと、興奮している友達をなだめながら、思いとどまらせたことがありますか。ない？　それはよかったですねえ。では、電車内になにか忘れ物をしたことは？　そう、ありますか……。

「いりゅう」には次の二つがあります。

（１）遺留

（２）慰留

◆退職届を出した三人の部下については「いりゅう」するつもりだ。

という場合の「いりゅう」は、右のうちのどれを書きますか。

【問題22の解説と答え】

（１）（２）ともに下の「留」部分は同じで「とどまる。その場に引きとめる。残す」などの意味を持ち、「留置・留任・留学・留意・留保・駐留・停留・保留」などと使います。問題は上の「い」部分の漢字の持つ意味です。「遺」は「遺失物」とか「遺産」でおなじみの「忘れる・残す」ことであり、「慰」は「慰安・慰問」などと使うように「なぐさめる」ことです。同じ「いりゅう」でも「忘れもの」「残したもの」と「なだめて思いどまらせる」ことでは大きな違いです。

（１）遺留・①置き忘れること。「―品」②死後に残すこと。「―物件」

（２）慰留・なだめて、思いとどまらせる。「―を振り切って辞任する」

のように使います。したがって、設問の【正解】は「慰留」です。

【問題23】

長嶋茂雄氏の「いんたい」の弁「巨人軍は永久に不滅です」は名文句としていまだに言い伝えられています。長嶋氏や王貞治氏のように現役ではないにしても、その道で復帰できた人もいれば、「いんたい」後は一切世間から忘れ去られてしまった人もいます。

「いんたい」には次の二つがあります。

(1) 引退

(2) 隠退

◆今年の誕生日が来たら、四十数年にわたる現役を「いんたい」する。という場合の「いんたい」は、右のうちのどれを書きますか。

【問題23の解説と答え】

「引退」はよく見聞きする言葉ですから、分かりやすいことでしょう。スポーツなどでよく使われます。つい最近も相撲の高見盛関が引退して親方と呼ばれるようになりました。もうひとつの「隠退」は今までやっていたことをすべてやめて、静かに引きこもって暮らすことです。

（1）引退・官職・地位から退くこと。現役から退くこと。「政界から―する」「社長を―する」「―興行」

（2）隠退・社会的活動から身を引くこと。「今は―の身です」「―の生活」「山中に―する」「郷里に―する」

のように使います。したがって、設問の【正解】は「引退」です。

【問題24】

朝、テレビをつけると天気予報と交通情報を数十分おきに何度も何度も放送しています。あんなに「うんこう」状況などを知らせる必要があるのかとさえ思ってしまいます。これからますますケータイや車のナビゲーションシステムが普及するでしょうから、テレビの交通情報も見る人はいなくなるのではないでしょうか。

「うんこう」には次の二つがあります。

（1）運行

（2）運航

◆今朝も電車は時刻表どおりに「うんこう」している。

という場合の「うんこう」は、右のうちのどれを書きますか。

【問題24の解説と答え】

「うんこう」という言葉はどちらも同じような意味に思えますが、漢字「こう」の部分を見てください。「運行」は「行」、「運航」は「航」です。「行」は天体や交通機関全般にいう言葉で、決まった筋道を動くこと。「航」は主として船・航空機が決まった航路を動いていくことに使います。

（1）運行・決まった道筋をめぐって行くこと。▽天体や交通機関にいう。「―予定」「星の―」「ダイヤどおりの―」

（2）運航・船や航空機が決まった航路を動いて行くこと。「海が荒れて今日の便は―中止になった」「島には一日一便だけ―している」

のように使います。設問は船や航空機などではなく「電車が時刻表どおり」だというのですから**【正解】**は「運行」です。

【問題25】

監督は、明日の試合のために今日の練習はなし、全員「えいき」を養うことにしよう、といって、選手を合宿所に帰しました。選手たちは昼寝をしたり、親に手紙を書いたり思い思いに過ごしたようです。そのせいか、日ごろの疲れもとれて「えいき」がみなぎってきたといいます。

「えいき」には次の二つがあります。

（1）鋭気

（2）英気

◆一週間の特別休暇をもらったので、温泉でのんびり過ごして「えいき」を養うことにした。という場合の「えいき」は、右のうちのどれを書きますか。

【問題25の解説と答え】

一般に、「えいきを養う」という場合、「あふれるような元気」や「物事に立ち向かおうとする気力」が衰えないように保つことをいいます。問題文に出てきた監督は、前日休むことによって、選手全員に当日の意気込みをみなぎらせたわけです。（1）（2）の違いは次のとおりです。

（1）鋭気・するどく強い気性、気勢。強い意気込み。「―をくじく」

（2）英気・すぐれた才気、気性。何かをしようとする気力、元気。「―を養う」

したがって、設問の【正解】は「英気」です。

【問題26】

「えいせい」というと「衛星」や「衛生」のことだと思うのが普通でしょう。「衛星」は地球を回る月のように惑星の周りを公転する天体ですし、「衛生」は健康を維持し疾病の予防・治療に努めることです。ここでの「えいせい」はそれらとは異なります。

「えいせい」には次の三つがあります。

（1）永世

（2）永逝

（3）永生

◆スイス・オーストリアなどは「えいせい」中立国です。

という場合の「えいせい」は、右のうちのどれを書きますか。

【問題26の解説と答え】

面白いもので、（1）（3）は長く滅びない意で、（2）の「永逝」は人が死ぬ意です。そして細かくいうと（1）「永世」は「永久・永代」の意が強く、（3）の「永生」は「尽きることのない生命」の意です。

（1）永世・かぎりなくながく続く世。永久。「―中立国」

（2）永逝・死ぬこと。永眠。逝去。「御尊父様の―の報に接し……」

（3）永生・永遠に滅びない生命。長生き。長寿。「―なる生命」

のように使います。したがって、設問の【正解】は「永世」です。

【問題27】

大型のテレビを買ったばかりのとき、画面を見て「映像」がきれいだと思いました。映画も「映像」といいます。しかし、「影像」と書く「えいぞう」もあります。

「えいぞう」には次の二つがあります。

（1）映像

（2）影像

◆近年の「えいぞう」文化の発達はすさまじい。
という場合の「えいぞう」は、右のうちのどれを書きますか。

【問題27の解説と答え】

「映像」は、簡単にいうと、画面や鏡などに映ったものの形であり、イメージです。それに対して「影像」は、えすがた・肖像だと思えばよいでしょう。「映像文化」といったら「テレビ」や「映画」「スライド」などを考えればよく分かるでしょう。

（1）映像・①光線の屈折・反射または電気的変換によって再現した像。「鮮明な―」②頭にえがき出された、ものの姿。「スクリーンに写し出された―」

（2）影像・絵画や彫刻で表現した、神仏や人の姿。「仏様の―」

のように使います。したがって、設問の【正解】は「映像」です。

【問題28】

今日は「えもの」が少なかった、といいます。また、自分の得手な道具や武器も「えもの」といいます。そこで、ここでは「えもの」の使い分けの問題です。

「えもの」には次の二つがあります。

（1）獲物

（2）得物

◆二刀流の宮本武蔵に対する佐々木小次郎の「えもの」は長脇差しだったという。

という場合の「えもの」は、右のうちのどれを書きますか。

【問題28の解説と答え】

よく間違える熟語です。「える」（得る・獲る）という場合も同じですから、ここで整理しておきましょう。「得る」は「手に入れる・自分のものにする」であり、「獲る」は「動物を捕まえる・奪って手に入れる」意味で使い分けます。

（1）獲物・狩や漁でとれたもの。「今日の―は鹿だった」「逃がした―は大きい」

（2）得物・武器。自分の得手（えて）とする武器。自信のある技。「―を引っさげて敵に挑む」

のように使います。したがって、設問の【正解】は「得物」です。

【問題29】

「おうしん」「へんしん」といったら何のこと？　そして「おうしん」「たくしん」といったら何のことでしょう。言葉に敏感なあなたなら既に分かったことでしょうが、ここでの問題は「おうしん」についてです。

「おうしん」には次の二つがあります。

（1）往信

（2）往診

◆父の容態が急変し、診察してもらうために「おうしん」を頼んだところです。という場合の「おうしん」は、右のうちのどれを書きますか。

【問題29の解説と答え】

問題文の初めの答えは「往信・返信」で「手紙やはがき」。次は「往診・宅診」で医者の「診察」でした。「往」は（1）（2）とも同じく「こちらからいく」意味。問題は「しん」です。（1）の「信」は信書・音信などというときの「信」で手紙のことです。（2）の「診」は病気の様子を調べる意味の「診」です。

（1）往信・こちらから（返事を求めて）差し出す手紙。⇕返信
（2）往診・（医者が）患者の家に行って診察すること。⇕宅診
のように使います。したがって、設問の【正解】は「往診」です。

【問題30】

同じ「おんじょう」という言葉でも「おんじょうにすがる」という言い方を知っていますか。「おんじょうあふれる言葉」なら聞いたことがあるでしょう。このように、言葉というものは、その人の生活環境と関係して使われます。広く使い慣れることが大切です。
「おんじょう」には次の二つがあります。
（1）温情
（2）恩情
◆校長先生の訓示は「おんじょう」のこもったものだった。
という場合の「おんじょう」は、右のうちのどれを書きますか。

【問題30の解説と答え】

「情」は「なさけ」、すなわち「思いやりのこころ」です。「人情」であり「あわれみ（の心や行い）」ですが、「おん」部分はどんな意味の違いがあるのでしょうか。

「温」は「おだやか。心がやさしい」ことであり、「温厚・温良・温順・温和」のように使います。ですから「温情」は「やさしい心」です。また、「恩」は「めぐむ。なさけをかける」ことであり、受けた方でありがたく思うべき行為です。「親の恩」「恩を受ける」「恩を忘れる」「恩を売る」（相手から感謝されようとしてわざと親切にする）のように使います。そこで、校長先生の訓話は「やさしい思いやりの心のこもった訓話」だったと考えられます。

（1）温情・思いやりのあるやさしい心。「全国の人々の―にすがる」

（2）恩情・情けのある心。いつくしみ。「育ての親の―に報いる」

のように使います。したがって、設問の【正解】は「温情」です。

第六日目

漢字の組み合わせと復習

（1）漢字の組み合わせ字を読むコツ「同音・同訓異字など」

小学生に「杜撰」を読ませてみた

有名人がテレビや公式の場で読み違えてしまって恥ずかしい思いをした漢字（というよりも、この場合は「熟語」＝ことば）の話はよく出てきます。

例えば「未曾有《みぞう》」「物見遊山《ものみゆさん》」「逆恨《さかうら》み」「拘泥《こうでい》」「弛緩《しかん》」などの言葉が書かれている原稿。こうした原稿を読む上での、その読めない原因がどこにあるかというと、用意してもらった原稿を手渡されたまま目も通さないで演壇に上がった、または本番の席に着いた、ということを物語っているのだと思います。

そうした「原稿に書かれている言葉」を知らない、使ったことも聞いたこともないということが原因のようです。漢字が読めないということもありますが、その人の持っている語彙量が少ないのです。読書量が少ないとか、読書の質も偏っているなどということが原因なのかも知れません。あるいはこうしたことより、生活全般に語彙を増やす環境、経験が少ないのでしょう。早く言えば知性に欠けているのです。

最近は、公共図書館でも読み聞かせ、音訳、点訳などが盛んになったといいます。ところが図書館員が困るのは読み手の勉強不足、書かれている意味も知らず理解もしないまま読んでしまうといった杜撰《ずさん》さ。音訳のとき漢字が読めても言葉を知らなければ、読んでいる本人が、何が書いてあるかわからないだろうというのです。下調べをしている段階で、なぜこまめに調べてみないのでしょうか。そうすることが知らず知らずの知性の向上につながることですのに。

今、書いた「杜撰」というのは、いいかげんで誤りが多いという意味ですが、これなどは常用漢字の範囲内でない漢字ですから、見たことのない人もいるかもしれません。しかし、「ことば」としてはどうでしょう。「管理が杜撰だ」「手抜きで杜撰な工事」とか「帳簿が合わないのは、何事にも杜撰な経理係のせいだ」などのように、日常、普通に使っている言葉ではないでしょうか。一度や二度は聞いたことがあるのではないかと思います。

この「杜撰」などは、書き言葉というより、ふだんの話し言葉の領域に入る言葉でしょう。いつでしたか、この「杜撰」を小学生に読ませてみたことがあります。

『杜』は呉音で「ズ」、漢音で「ト」と読みます。一人の少年は即座に「ト」といいました。「どうして知ってるの」と聞いたら、なんとこの子は「杜子春」や「くもの糸」の話の出ている絵本を読んだことがあるというのです。それで知っていたといいました。

もう一人は「もり」じゃないか、といいました。「だって、『窓の杜』ってあるじゃん」というのです。「もり」は国訓＝漢字に和語の読み方を当てた読み方です。この字をよく使うのは「神社のもり」などと使う読み方です。確かに「杜《もり》の都、仙台」などといいますよね。観光パンフレットなどにも出ています。この少年はだいぶパソコン好きな子供でした。即座に『窓の杜』という言葉が出たのには驚きでした。（「ウィキペディア」によると）『窓の杜』は良質のオンラインソフトが集まることを森に見立てた命名だということです。

余計な話になってしまいましたが、ついでに「撰」についても書いておきましょう。「撰」については、この少年たち二人とも「セン」と読みました。その原因は「選手、選挙、選抜」などという言葉で、旁《つくり》の部分の「巽《セン・ソン》」に馴染みがあることが分かりました。「選」に引きずられるというのは、なかなかいいセンスだと思いませんか。

「撰」は呉音で「セン・ゼン」、漢音では「サン」です。だから「ずさん」となるのです。「せっせ、せっせと選んで集め、そろえたもの」のことであり、たくさんそろえたものの中から選び取ることです。これは「選択」の「選」と同じ意味です。「撰」は「扌」（てへん）ですから「手で集めてそろえる」という意識が強い漢字です。

結局、彼らは「杜撰」を「ずさん」と読むことはできませんでしたが、「杜撰」という言葉とその意味は知っていました。この小学生たちを見ても、生活経験によって習わない漢字まで推測読みをする力がついているのです。こうした生活に身を置くことの大事さが分かります。

漢字が読めるようになるには「言葉を知らなければ読めない」し、類推も利かないといけないといいました。さらには、中国語の音読みも知っていたほうが有利だということもあるかもしれませんが、中国・簡体字の読みを知っていたからといって、読めるものでもないことはお分かりのことでしょう。

「毎」は「まいにち」の「マイ」ですが、「海」となると「海上」のように「カイ」ですし、「上海」だと「シャン・ハイ」です。こうなるとやはり一筋縄ではいかないということになりますが、言葉は私たち日本人が一生を通して付き合っていかなければならないものですし、その言葉を表す文字である漢字も日本語表現の道具ですから、地道に身につけていかなければなりません。

調べることを習慣づける

同じ二字熟語でも読み方によって意味が異なることがあります。『分別』を「ふんべつ」と読むと「分別がある人」とか「無分別」のように「常識的に判断できないこと」の意味ですし、濁って「ぶんべつ」と読むと「ごみの分別」「分別ごみ」のように「区別する」ことになります。「ふんべつ」が「分別ごみ」になっては大変です。
そればかりか、「熟語」というものは職業分野によっても言い方や読み方が異なることがあります。例えば、裁判や弁護士など法曹界では「遺言」を「いごん」のようにいうそうです。私たちは一般に「ゆいごん」のように使います。医師の世界では「口腔」を「こうこう」といわず「こうくう」というそうです。一般的には「図画」は「ずが」といいますが、図と絵、または絵を描くことは「とが」といいます。これも法曹界では言い習わされているようです。そして「図書」は「としょ」のほかに「ずしょ」ともいいます。

私たち個人が持っている知識は限られたものですし、あやふやな記憶は当てにならないものです。辞書をまめに引き、ボキャブラリーに精通するようにしたいものです。と同時に漢字には自分の知らない読み方もあることを承知しておきたいものです。

ことに失敗が多いのが初対面の人との名刺交換です。「上村」と書いてあるから「うえむら」さんだと思えば、そうではなくて「かみむら」さんだったり、「吉川」さんが「よしかわ」さんではなくて「きっかわ」さんだったりします。人の姓ばかりでなく、地名でも「日本橋」を「にほんばし」というのは東京で、大阪は「にっぽんばし」だそうですし、「神戸」と書いて「こうべ」というのは兵庫で、三重では「かんべ」だとか。

恐ろしい二字熟語　さかさま語だけでなく、読みの違う語もあり（例：分別《ふんべつ》・分別《ぶんべつ》）

漢字をたった二字しか使っていないとはいっても、軽々しくは扱えない熟語もあります。ある単行本の原稿の校正をしていたときのことですが、どうした加減か「事情」が「情事」になっていて、びっくりしたことがありました。見過ごしたら大変でした。

そんな、二つの文字をさかさまにして別の熟語になる二字熟語を集めてみました。どんな熟語なのか考えていただきましょう。

【問題】 次の①・②の□に同じ漢字を入れて、意味が通る熟語にしてください。

（1）
①人□…他人に対する思いやりの心や情け
②□人…互いに愛し合ってる相手・恋人

（2）
①権□…物事を行うことのできる資格
②□権…利益を自分のものにすることができる権利

（3）
①質□…飾り気がなく誠実なこと
②□質…実際の内容・性質・本質

（4）
①素□…生まれつき備わっている性質
②□素…地味で控えめな生活

（5）
① □終…事柄の成り行きの、始めから終わりまでの全部
② 終□…始めから終わりまで、同じ態度・状態を続けること

【答え】
（1）情　（2）利　（3）実　（4）質　（5）始

不注意な間違いといえば、二字熟語ばかりでなく、一字の漢字でも起こります。次のような場合です。

「守」は「留守」「子守」「守る」「守備」――のように使います。まあ、特殊だといえば特殊ですが「留守」の場合は「ス」、「子守」の場合は「もり」、「守る」は「まもる」、「守備」の場合は「シュ」です。こうしたものは覚えてしまうしかないでしょう。

もうひとつは、いわゆる「熟字音・熟字訓」といわれるものです。「時計」はこれ「全体」で「トケイ」であって、「時」が「ト」、「計」が「ケイ」ということではないのです。「土産」、

これは熟字訓ですが、これ全体で「みやげ」です。「五月雨」、「三味線」は全体で「さみだれ」であり、「しゃみせん」です。こうした読みは常用漢字表では「付表の語」として、漢字表の後尾に一覧形式にして載せてあります。一度目を通しておくとよいでしょう。

漢字の使い分けを考えると、「栄」と「営」とか「懐」と「壊」のように意味は異なるのに、字音が同じで字形も似ているために使い分けを誤りがちだという漢字が、ここですべての例を挙げきれないほどたくさんあります。ついうっかり間違ってしまうということもありますが、反面、それくらい漢字の数が多いということも一因だともいえます。

そうしたことは文章作成時にはだいぶ注意していることだとは思いますが、次のような例もありますので、甘く考えるわけにはいきません。

①字音も意味も異なるのに、字形が似ていて書き分けを誤りやすいもの

(例) 哀と衰　悔と侮　減と滅など

②字形も意味も異なるのに、音が一緒で使い分けを誤るもの

(例) 回顧と懐古　換気と喚起　規定と規程など

そのほか、字訓が同じためについうっかり間違えるという字もかなりあります。

例えば

①「合う」「遭う」「会う」

②「挙げる」「揚げる」「上げる」

③「熱い」「暑い」「厚い」

などはその最たるものの例としてよく出るものではないでしょうか。

間違いやすい例が一九九ページからいろいろと載せてあります。併読してください。

(2) 漢字の組み合わせの問題

【問題1】漢字一字ではなんということもない字ですが、熟語となるとどうでしょうか。次のことばを読んでみましょう(特殊な音訓の例)。

①行脚(　　)　②因縁(　　)　③回向(　　)
④会釈(　　)　⑤会得(　　)　⑥音頭(　　)
⑦開眼(　　)　⑧金具(　　)　⑨奇特(　　)
⑩功徳(　　)　⑪供物(　　)　⑫境内(　　)
⑬木陰(　　)　⑭夏至(　　)　⑮果物(　　)
⑯懸想(　　)　⑰解熱(　　)　⑱祝儀(　　)
⑲虚空(　　)　⑳支度(　　)　㉑疾病(　　)
㉒大豆(　　)　㉓種痘(　　)　㉔出納(　　)
㉕築山(　　)　㉖素性(　　)　㉗相殺(　　)
㉘断食(　　)　㉙知己(　　)　㉚読経(　　)
㉛納屋(　　)　㉜苗代(　　)　㉝柔和(　　)

㉞法度（　　）　㉟無精（　　）　㊱普請（　　）
㊲風情（　　）　㊳由緒（　　）　㊴遊説（　　）
㊵遊山（　　）　㊶仲人（　　）　㊷流布（　　）
㊸神楽（　　）　㊹蚊帳（　　）　㊺雑魚（　　）
㊻砂利（　　）　㊼数珠（　　）　㊽雪崩（　　）
㊾祝詞（　　）　㊿猛者（　　）　(51)浴衣（　　）
(52)お神酒（　　）　(53)素人（　　）　(54)若人（　　）

（答えは一六四ページ）

【問題２】 次のことばを漢字で書いてください。

①ようい―ならぬ（　　）　②けいけん―を生かす（　　）
③ふくざつ―な要素（　　）　④せんもん―用語（　　）
⑤たいしょうてき―な二人（　　）　⑥きおく―違い（　　）
⑦はってん―する社会（　　）　⑧かくちょう―工事（　　）
⑨きけん―地帯（　　）　⑩こうふん―状態（　　）

⑪しゅんかん―の出来事（　　）　⑫左右―たいしょう（　　）
⑬ていこう―力（　　）　⑭ほうふ―な知識（　　）
⑮かんげい―行事（　　）　⑯携帯電話が―ふきゅう―する（　　）
⑰下駄を―あず―ける（　　）　⑱手厚く―かんたい―された（　　）
⑲きたい―外れ（　　）　⑳きょうふ―を覚える（　　）
㉑けいそつ―な行為（　　）　㉒しげき―の強い匂い（　　）
㉓労力を―つい―やす（　　）　㉔そっちょく―に意見を述べる（　　）
㉕力不足を―つうかん―する（　　）　㉖きどあいらく―の情（　　）
㉗インダス文明の―はっしょう―地（　　）

（答えは一六四ページ）

【問題3】 次の□□に入る熟語二文字は、どの「漢字」を使いますか。読みは共通です。

（1）キョクゲン

①限界ギリギリのところ……サルの群れは最も□□された分布を示している。

②遠慮しないで思ったとおりいうこと……□□すれば学歴はなんの意味も持たない。

③範囲を一定の部分に限ること……議論を□□して話し合おう。

（2）ゴホウ

①言葉の使い方……文法は□□と同意で用いられることもある。

②間違って知らせること……先日の報道は□□だったという。

③法律を守ること……三井寺では、□□善神として鬼子母神を祀っている。

（3）シンコウ

①神や仏を敬い信じ、その教えに従おうとすること……ある宗教を信じ、守護神として□□する人は多い。

②目的地に向かって前進すること……列車の□□方向に向いて座る。

③学術・産業などが盛んになること……科学の□□を図る。

④他国や他の領土に攻め込むこと……内乱に乗じて敵陣に□□する。

⑤親しく付き合うこと……彼とは学生時代から□□を深めている。

⑥夜更け・深夜……団体交渉は□□にまで及んだ。

⑦新しいものが勢いよくおこること……最近は□□勢力が出てきて難しくなった。

⑧人情が深くて厚いこと……□□なる謝意を頂戴した。

⑨互いに心を許しあった深い交わり……独身時代から□□を持っている。

（答えは一六五ページ）

一五八ページ【問題1の答え】

①あんぎゃ　②いんねん　③えこう　④えしゃく　⑤えとく　⑥おんど
⑦かいがん　⑧かなぐ　⑨きとく　⑩くどく　⑪くもつ　⑫けいだい
⑬こかげ　⑭げし　⑮くだもの　⑯けそう　⑰げねつ　⑱しゅうぎ
⑲こくう　⑳したく　㉑しっぺい　㉒だいず　㉓しゅとう　㉔すいとう
㉕つきやま　㉖すじょう　㉗そうさい　㉘だんじき　㉙ちき　㉚どきょう
㉛なや　㉜なわしろ　㉝にゅうわ　㉞はっと　㉟ぶしょう　㊱ふしん
㊲ふぜい　㊳ゆいしょ　㊴ゆうぜい　㊵ゆさん　㊶なこうど　㊷るふ
㊸かぐら　㊹かや　㊺ざこ　㊻じゃり　㊼じゅず　㊽なだれ
㊾のりと　㊿もさ　(51)ゆかた　(52)おみき　(53)しろうと　(54)わこうど

一五九ページ【問題2の答え】

①容易　②経験
③複雑　④専門
⑤対照的　⑥記憶

⑦発展　⑧拡張
⑨危険　⑩興奮
⑪瞬間　⑫対称
⑬抵抗　⑭豊富
⑮歓迎　⑯普及
⑰預ける　⑱歓待
⑲期待　⑳恐怖
㉑軽率　㉒刺激
㉓費やす　㉔率直
㉕痛感　㉖喜怒哀楽
㉗発祥

一六〇ページ　**【問題3の答え】**

（1）キョクゲン

①限界ギリギリのところ……サルの群れは最も極限された分布を示している。

②遠慮しないで思ったとおりいうこと……極言すれば学歴はなんの意味も持たない。
③範囲を一定の部分に限ること……議論を局限して話し合おう。

（2）ゴホウ

①言葉の使い方……文法は語法と同意で用いられることもある。
②間違って知らせること……先日の報道は誤報だったという。
③法律を守ること……三井寺では、護法善神として鬼子母神を祀っている。

（3）シンコウ

①神や仏を敬い信じ、その教えに従おうとすること……ある宗教を信じ、守護神として信仰する人は多い。
②目的地に向かって前進すること……列車の進行方向に向いて座る。
③学術・産業などが盛んになること……科学の振興を図る。
④他国や他の領土に攻め込むこと……内乱に乗じて敵陣に侵攻する。
⑤親しく付き合うこと……彼とは学生時代から親交を深めている。

⑥夜更け・深夜……団体交渉は深更にまで及んだ。
⑦新しいものが勢いよくおこること……最近は新興勢力が出てきて難しくなった。
⑧人情が深くて厚いこと……深厚なる謝意を頂戴した。
⑨互いに心を許しあった深い交わり……独身時代から深交を持っている。

第七日目

漢字の書き取りと「正しい」との関係

（1）明朝体活字と手書き文字（筆写）との関係

手書き文字がフォントのように書けるか

漢字を勉強しようとする人が子供でないならば、お手本にするのは、恐らく明朝体活字（フォント）で印刷された書体の字か、書家の手で書かれた字形のお手本だと思います。しかし、手書き文字はもとより、活字にもいろいろな字体があって、お手本にした字体どおりに書かなければならないと思っていると、「おやおや」ということになりかねません。

明朝体活字に限らず、教科書体活字でも、活字の字体どおりでないと間違いになると思っている人は多いようです。そうではないことを、ことに漢字指導に携わる学校や塾などの教師は強く意識しなければならないところです。活字と手書き文字とは同じではありません。手書きで活字のようにいくわけがないのです。

本書の第四日目の（1）でも一年生の漢字書き取りのトラブル例として『天』の字の話を出しましたが、お手本（教科書の字体）どおりに書かないとバツだなどという人にだって、お手本どおりになど書けるわけがないのです。「天」の上下の線の長さを何対何（いくつ）にするのが正解で、それ以外ではバツだなどといったら、指導者自身が書けるはずもないでしょう。

活字どおりというとき、接し方の角度など、そっくり同じに書けますか。

また、字体としては同じでも、明朝体活字と手書き字体との間にはいろいろ違いがあるものです。そればかりか、明朝体活字と教科書体活字との間でも、大きな違いがあります。

あなたにお聞きしましょう。あなたは『手』という字の四画目をどう書きますか。縦棒を真っすぐ書いてはねるでしょうか、「ノ　一　一」の次の画を「少し曲げて書いてはねる」でしょうか。

手

手

明朝体活字（上）は御覧のように「まっすぐ書いてはねる」形ですし、教科書体（下）は「心持ち曲げてはねる」ように書かれています。この場合の「心持ち」は、どれだけ曲げれば正解になるのでしょうか（以下の（4）「曲直に関する字」も参照してください）。

特に明朝体は、書籍の本文に多く使われているため、いちばん馴染みのある書体ですし、手書きの文字と似ているのではと勘違いされているかもしれませんが、明朝体もやはり活字としてデザインされており、手書きとは異なっています。どれだけ違っているか、このあとで詳しく御説明します。内閣告示でも、「その違いは、それぞれ習慣の違いによる表現の差とみるべきものだ（内閣告示第一号・昭和二十四年四月二十八日）」といっています。この際、お堅い考えはしないよう、殊に指導者には肝に銘じていただきたいものです。

字体についての解説・常用漢字表の改訂ポイント

次を見てください。これは字体のいろいろな違いについて、「どちらでも間違いではありませんよ」といっている字体についての解説です。じっくりと見てください。

（1）折り方に関する例

衣－衣　去－去　玄－玄

（1）右の『衣』の場合、四画目の「縦はね」部分を見てください。

一筆で「縦はね」にしている下の文字（手書き文字）と、二筆のように見える上の文字（明朝体活字）との違いが判るでしょうか。上の活字の画数を数えて見てください。七画のように見えないでしょうか。それに対して下の手書き文字のほうは六画に見えます。しかし、これは両字とも六画と数えます。常識的に多くの辞典でも六画と数えています。

また、いちばん下の『玄』を見てください。

「幺」（「糸がしら」）の書き方を、上の明朝字体と下の手書き字とを比べて見ると、下の手書きの場合は活字のようにいかなくても、あるいは活字の形と異なっても間違いではないことを示しています。活字はこれらのように飾り（修飾）部分が誇張されたり派手に作られていたりするものです。真ん中の『去』の四画目「ム」の部分も比べてみてください。どちらでも間違いではないのです。明朝体と手書きの字形の違いだとみればよいのです。両者の間には「違い」があるのであって、どちらかが間違いだというのではないのです。次の例も見てください。

（2）点画の組合せ方に関する例

人－人　家－家　北－北

（2）は「点画」の組み合わさり方の例です。

三つ目の『北』の字が一番わかりやすいでしょう。『北』の上の活字体と下の手書きとでは別な字のようにさえ見えます。しかし「どちらでもよい」というのです。違いは、二画目の

「縦棒」と三画目の「はね」部分との接し方です。「縦棒」の長さや「持ち上げ」の筆遣いを観察してください。これも「両者どちらでも間違いではない」という例です。上下どちらを見てもあなたも何の躊躇もなく「きた」と読むでしょう。

さて、真ん中の『家』の最後の九、十画め「左右の払い」の違いを見てください。活字と手書きとはこうも違うものなのです。「ひどい」というくらい違っています。

これも上下どちらかが「間違い」だというのではなく、活字と筆写との両者の「違い」であって、どちらも正解なのです。

『人』の場合の「左払い」（ノ）と「右払い」（㇏）との接し方を見てもその違いが判るでしょう。あなたは一番最初の例の字を「入」と見ませんでしたか、『人』と見ましたか。点画の組み合わせ方が「こうでなければならない」などということではないのです。

次の（3）の「筆押さえの問題」の「入」も見ておいてください。

（3）「筆押さえ」等に関する例

芝―芝　史―史　入―入　八―八

（4）曲直に関する例

子－子　手－手　了－了

（4）の「曲直に関する例」で取り上げた『子』『手』『了』は「縦はね」の部分の問題です。「真っ直ぐにおろしてはねる」のか、「丸みを持たせておろしてからはねる」のかという問題ですが、これを見る限り、こうした字ではどちらでもよいということです。これも字形の違いであって、間違いでもなければ、漢字そのものが違うというものでもないということの例です。

今度は「長短」について、見てみましょう。

（5の1）長短に関する例

雨－雨　雨　戸－戸　戸　戸　無－無　無

（5の1）の『雨』の第一画目は「横棒」の長さに注目してください。

この「横棒」の書き方では、活字体は一画目の「横棒」が二、三画目の「冂」の幅と同じか、それ以上の長さになっています。しかし、手書きの場合は同じでも短くてもよいことになっています。ということは、もちろん「冂」の幅よりも長くてもよいということです。そればかりか、この横棒は下曲がりになっても上曲がりになってもお構いなし。水平でなければならないなどとは言っていません。

『戸』にしても然り。『無』の真ん中の横棒にしても然りです。『無』には横棒が三本ありますが、この三本の横棒の長さ具合はどうでしょうか。「長い・短い」などどちらでも問題ではないのです。真ん中の横棒が長くなったら「有」という字で、短ければ「無」になるなどということはありません。長かろうと、短かろうと「無」は「無」なのです。

殊に『戸』などは一画目の筆遣いは横棒が「長く」ても「短く」ても、はたまた「丶」(点)でもよいといっています。「正しい」「正しくない」などという人が見たら、仰天するのではないでしょうか。これが手書き漢字の字体としては当たり前なのです。「正常」なのです。「正誤」をいう人の頭脳改革ができることを願っています。

では、今度は「方向」に関する問題を見てみましょう。

（5の2）方向に関する例

風―風風　比―比比　仰―仰仰

糸―糸糸　礻―礻礻　衤―衤衤

主―主主　言―言言言　年―年年年

（5の2）の最後の『年』を見てください。

明朝活字の『年』は四画目が「短い縦棒」になっています。これが下の手書き文字の場合はどうでしょうか。「短い縦棒」でもよいし、「てん」でもよいし、「短い横棒」に書いてもよいということになっています。そんなことは問題にすべきことではないのです。

『言』の一画目は明朝活字では「短い横棒」になってますが、そう書かなければ間違いだ、「正しい」字ではないというのでしょうか。『言』の下の手書き文字三字を見てください。「横棒」でも「縦棒」でも「てん」でもよいということになっていることがお分かりでしょう。『主』の一画目の「てん」についても同じです。

また、「糸へん」を見てください。「糸へん」は「く」と「ム」の下の「小」部分は「たて　ちょん　ちょん　ちょん」と三つ並べるのでもよいということになっています。「糸へん」は「糸」の形でなければならないなどといったら、それこそ笑われてしまいます。なのに、知らないというのは恐ろしいことです。こんなところにこだわって、それが唯一、自分の知識が「正しい」と思っているのです。そればかりか、そうした採点者に○×を付けられるのですから、受験者は目も当てられません。

（5の3）つけるか、はなすかに関する例

又－又又　文－文文　月－月月

条－条条　保－保保

今度は「つけるか　はなすか」とか「とめるか　はねるか」の問題です。

まず、『月』を見てください。昔は『月』には、「舟づき」「肉づき」「普通のつき」と三つの「月」があって、その違いを書き分けることになっていましたが、現在はこれらは統合されて

『月』の形ひとつになりました。しかし、だからといって明朝体活字のように右から左まできちんとくっつくように二本棒を書かなければならないのでしょうか。もうお分かりでしょうが、これも離れてもきちんと両方に渡っても、どちらでもよいというのです。

また、『条』や『保』を見てください。「木」の部分です。「木」の三画・四画目の「左右払い」の部分です。これがきちんと交点から左右に出なければならないか、「ハ」のような形になってはいけないか、という問題です。これも当然、どちらでも問題なし。

『くっつけて書けば「木」で、離れてしまったら「水」だ』などということはないでしょう。どちらでも『木』と同じです。

（5の4）はらうか、とめるかに関する例

奥－奥 奥　公－公 公

角－角 角　骨－骨 骨

「正しい」「間違い」を問題にする人は殊に（5の4）の「はらうか、とめるか」、（5の5）

の「はねるか、とめるか」をやかましくいうようです。いっとき『木』は「とめ」て『水』は「はね」ると、やかましくいったことがありましたが、『木』の二画をはねたからといって『水』になってしまうことはありませんし、二画から三画に移る意識で書くとき筆の勢いではねたようになることもあります。これを「筆勢」といいます。こうしたことに細心にこだわることはありません。次の（5の5）の例でいいますと「牛へん」「糸へん」『環』の十五画目などが該当します。

（5の5）はねるか、とめるかに関する例

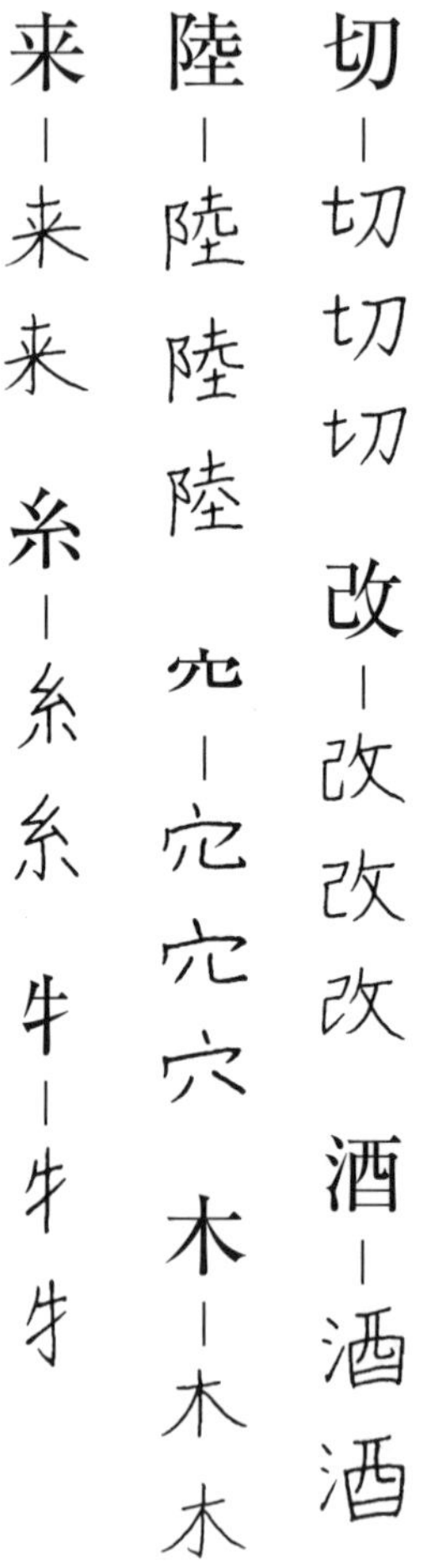

環—環　環

『切』という字の左部分の「七」を漢数字の『七』のように曲げるのが正しく「縦はね」のようにはねてしまうのは間違いだとしている児童用の漢字練習帳がありましたが、そこまで厳密にいうことはありません。

こうした指導者の見解の風潮は困ったものです。活字と手書き文字とは同一にはいかないのが当たり前だということをしっかりと意識しておきたいものです。手書き文字は「筆勢」にもよれば「筆記具」にもよれば、いろいろな条件によって細部はいろいろに変わることがあるということを認識し、いたずらに、文字を書くこと、筆記具を持つことを怖がらせたり、嫌にさせないようにしてもらいたいものです。

（5の6）その他

令—令　令　外—外　外　外　女—女　女

最後に「令」「外」「女」のような例をあげましょう。

『令』の五画目は「縦棒」でしょうか、それとも「てん」でしょうか。『外』の「ト」部分の最後の画は「伸ばす」のでしょうか、それとも「とめる」のでしょうか。『女』の「横棒」は二画目の「ノ」の頭より上に出るように書かなければいけないのでしょうか、「ノ」が「横棒」より突き抜けない形でもよいのでしょうか。

ここまでお読みくださったあなたは、もう既にこんなことを問題にするのはばからしいとお考えでしょうが、まさしくそんなばからしいことが実際に行われ、問題だった時期があるのです。「正しい」「間違い」にこだわった人たちがいたからです。

国語審議会や文化庁は、捨てておけなくなりました。それでこうしたことに関する出版物を出すことになったようです。しかし、そうしたものを見たこともなく、こうしたものが刊行されていることも知らないという人もたくさんいるわけです。

『おまけ』印刷文字字形（明朝体字形）と筆写の楷書字形との関係（国語審議会の答申から）

常用漢字表「（付）字体についての解説」の「第二　明朝体活字と筆写の楷書との関係につ

いて」で「字体としては同じであっても、明朝体活字（写真植字を含む。）の形と筆写の楷書の形との間には、いろいろな点で違いがある。それらは、印刷上と手書き上のそれぞれの習慣の相違に基づく表現の差と見るべきものである。」と述べられているように、同じ字体であっても、印刷文字字形（ここでは明朝体字形）と筆写の楷書字形とは様々な点で字形上の相違が見られる。表外漢字については、常用漢字ほど手書きをする機会はないと思われるが、楷書で筆写する場合には上記「明朝体活字と筆写の楷書との関係について」が参考になる。

ただし、表外漢字における印刷文字字形と筆写の楷書字形との相違は、常用漢字以上に注意する必要がある。そのような字形の相違のうち、幾つかを例として掲げるが、これは、大きく、常用漢字表でいう字体の違いに及ぶものもあるので、この点については特に留意し、手書き上の習慣に従って筆写することを、この字体表が否定するものではないことを具体的に示すためである。以下、「明朝体字形」を先に掲げ、次に対応する「楷書字形の例（明朝体字形に倣ったものの例／手書き上の習慣に従ったものの例）」という順に並べて示す。

①
薩―薩／薩
諺―諺／諺

④
翰―翰／翰
鰯―鰯／鰯

⑦
喩―喩／喻
楡―楡／榆

②
墟―墟／墟
噓―噓／嘘

⑤
噌―噌／噌
甑―甑／甑

⑧
葛―葛／葛
偈―偈／偈

③
噂―噂／噂
溢―溢／溢

⑥
猜―猜／猜
錆―錆／錆

⑨
顚―顚／顛
塡―塡／填

⑩

遡｜／遡

腿｜／腿

⑪

祇｜祇／祇

榊｜榊／榊

⑫

飴｜飴／飴

饉｜饉／饉

（2）本書で学習したことの知識整理として

1．こんな字を使っていいの？

常用漢字表が昭和二十四年（一九四九年）に告示されてから、法令・公用文書・新聞・雑誌・放送など、一般の社会生活において現代の国語を書き表す場合の漢字使用例が加えられましたが、以下のア・イ・ウ・エ・オの漢字は現在（二〇一四年十二月）常用漢字として使えるのか否か。使えるものは〇、使えないと思うものは×。符号に〇か×をつけ、（　）には読み方を記入してください。

ア　曖昧……（　　　　　）
イ　畏怖……（　　　　　）
ウ　咽喉……（　　　　　）
エ　疫病神……（　　　　　）
オ　虞……（　　　　　）

【1の解説と答え】

常用漢字表では、この表にある漢字は漢字使用の「目安」を示したものであるとして、個々人が一般に使用することを禁じてはいません。したがって、個々の事情や固有名詞、過去の著作や文書などの使用を否定するものではありません。

なお、作家が旧字体の字を使おうと、あなたが旧字体で日記を書こうと、それを否定するものでもありません。

よく、旧字体や略字などをみて「そんな字はない」「そんな書き方はしない」とか「それは平仮名で書くことになっている」などという人がいますが、それは間違いです。ただ、法令や公用文、図書や新聞・テレビなど万人向けの文書では「なるべく」使わないようにするのがよいでしょう。もし、使用するなら振り仮名をつけるなどの配慮があれば申し分ありません。

改めて常用漢字表を繰ってみていただくとわかりますが、『こんな字まで常用漢字に入っているのか』と驚くほどの漢字が用意されています。日常の文を書くには常用漢字の範囲で困らないほどでしょう。教育漢字だけでも結構まともな漢字を使った文章が書けるほどです。

（答え）

ア～オまですべて◯。ア～オの五つはすべて常用漢字に含まれているものです。

ア（あいまい）　イ（いふ）　ウ（のど）　エ（やくびょうがみ）　オ（おそれ）

（その他の例）
怨恨（えんこん）・深奥（しんおう）・渦中（かちゅう）・多寡（たか）・潰瘍（かいよう）・威嚇（いかく）・陥れる（おとしいれる）・忌避（きひ）・畿内（きない）・極上（ごくじょう）・懇ろ（ねんごろ）・示唆（しさ）・唆す（そそのかす）・搾る（しぼる）・雑炊（ぞうすい）・施し（ほどこし）・恣意的（しいてき）　など

2．この字の正誤は、どっち？

今度は字体の問題です。民放テレビなどで漢字の正誤を競う番組がありますが、次の漢字の字体について説明した文章の正誤は？

ア　耳……五画目持ち上げ部分の横棒は六画の縦棒より右にとびだす。

イ　八……右払いは乀の形にしなければならない。

ウ　保……八・九画はハの形にしてはいけない。

エ　糸……一画と二画は交差してはいけない（糸・糸）。

オ　月……月の三画目と四画目の両側はつけない。

漢字の字体について、正しいか、正しくないかを問うには、次のような基準によるとよいでしょう。

【2の解説と答え】

（A）「山」を「川」と書くのは、これは明らかに間違い。誰が読んでも「山」は「やま」であり、「かわ」ではないことは明白です。

（B）「行きます」と書くべきところを「い来ます」と書くのは間違い。漢字はそれ自体が「ことば」であり、『行』は「コウ・ギョウ・アン・いく・ゆく」であり、「来」に「いく」意味はありません。したがって「い来ます」と書くのは明らかに間違いと分かります。

（C）一般に示してある字体は明朝体活字であり、この明朝体もいろいろな種類があります。それで、活字によっては同じ字でありながら微細なところで形の相違の見られるものがあります。しかし、それらの相違はいずれも活字設計上の表現の差、すなわちデザインの違いに属するものであって、字体の違いではありません。つまり、それらの相違は「字体」の上からは全く問題にする必要はないものだと説明されています（「字体についての解説」

一七二ページを参照のこと）。

したがって、この問題ア〜オは、○でも×でも不正解とはしません。

3．高校卒業までに常用漢字のすべてが書けるようにならなければならないか。正しいのはどちらでしょうか。ア・イのどちらかを○で囲んでください。

ア　イエス……高校生は常用漢字のすべてが卒業までには書けなければならない。
イ　ノー……高校生に常用漢字のすべてを書けるところまでは要求していない。

【3の解説と答え】


まず、「文化審議会答申」（平成二十二年六月七日）の前文にあたる「基本的な考え方」について説明しましょう。

ここでは第一次試案から細かく手が入れられていますが、中でも最も注目される第二次試案での変更点のひとつは、「2　改定常用漢字表の性格」において追加された次の一文です。

『情報機器の使用が一般化・日常化している現代の文字生活の実態を踏まえるならば、漢字表に掲げるすべての漢字を手書きできる必要はなく、また、それを求めるものでもない。』

これは「鬱」などのむずかしい漢字が改定常用漢字表に追加されたことにより、そうした漢字も手書きしなければならなくなった、という誤解を解消するために「基本的な考え方」に追加されたもののようです。

ただし、高等学校の『学習指導要領』では、高校三年間で〈常用漢字の読みに慣れ、主な常用漢字が書けるようにする〉ことを求めています。これに基づき現在の大学入試問題では、常用漢字表の全体から書き取りが出題されているのが現実です。つまり、もし「鬱」が常用漢字になれば、この字も書き取り問題の対象になる可能性は高いわけです。ここで〈主な〉の範囲が明確に書かれていないところがミソで、大学受験生に限って言えば、一般人と違って、先に挙げた〈漢字表に掲げるすべての漢字を手書きできる必要はなく〉とはいっても、どんな漢字が出るかわからないのですから、この文言をうかうかと鵜呑みにすることはできないでしょう。

したがってこの問題の正解は、イの「ノー」です。

4．漢字に振り仮名をつける場合、ふつうはその一字一字にそれぞれの読みを示す読み仮名をつけるようです。それでは「大分県」や「愛媛県」は次のア・イ・ウのどれがよいでしょうか。

（1）大分県

ア「大《おお》分《いた》県《けん》」⇓「大」（おお）＋「分」（いた）＋「県」（けん）

イ「大《おおい》分《た》県《けん》」⇓「大」（おおい）＋「分」（た）＋「県」（けん）

ウ「大《おおいた》分県《けん》」⇓「大分」（おおいた）＋「県」（けん）

（2）愛媛県

ア「愛《え》媛《ひめ》県《けん》」⇓「愛」（え）＋「媛」（ひめ）＋「県」（けん）

イ「愛《えひ》媛《め》県《けん》」⇓「愛」（えひ）＋「媛」（め）＋「県」（けん）

ウ「愛《えひめ》媛県《けん》」⇓「愛媛」（えひめ）＋「県」（けん）

【4の解説と答え】

改定常用漢字表では、姓などに使われる「藤、伊」、名などに使われる「之、彦」、地名に使われる「岡、阪」など、意外に多くの漢字が追加されました。そこで改定にあたって、全国四十七の都道府県に使われる漢字に限定して、固有名詞に使われる漢字を収録することになりました。これにより「岡、奈、阪、鹿、熊、阜、梨、埼、栃、茨、媛」が新たに追加されました。

そうした中で、問題の「大分県」は「大」も「分」も「県」も音訓表に元々取り上げられていますが、「大」は「ダイ、タイ、おお、おお-きい、おお-いに」、「分」は「ブン、フン、ブ、わ-ける、わ-かれる、わ-かる、わ-かつ」、「県」は「ケン」しか読みがありませんでした。それで「大分県」については新たに熟字訓（「熟字訓」については、次の5の解説を参照）として「おおいた」県と読めるように追加したものです。「愛媛県」も同様に「えひめ」県です。

したがって、（1）、（2）ともウが正解です。

5．次の熟語は「熟字訓」といって熟語を音読みしないで、訓読みするものです。さて、どう読めばよいでしょうか。

ア　「行方」………（　　　）

イ　「浴衣」………（　　　）

ウ「眼鏡」…………（　　　　　）
エ「日和」…………（　　　　　）
オ「固唾」…………（　　　　　）

【5の解説と答え】

改定常用漢字表（平成二十二年六月七日文化審議会答申）には、常用漢字の音訓の読み方のほかに「付表の語」という一覧表があり、更に文部科学省初等中等教育局長名で、追加音訓等の学校段階ごとの割り振りが通知されています。「これまでの学校教育における音訓の取り扱いなどを踏まえ、主として次の視点を考慮して行ったものである」、として、その観点が次のように書いてあります。

1　児童生徒の発達の段階や学習上の負担
2　日常生活や学校生活での必要性
3　社会生活における必要性
4　漢字のもつ意味の理解

なお、この追加音訓等の各学校段階の割り振りは、「音訓の小・中・高等学校段階別割り振り表」（平成三年三月）と同様、各学校段階において指導することを目安として示したものですので、各学校においては、教科書教材などとの関連を考慮して弾力的に取り扱うことができるとしています。

追加音訓等の高等学校入学者選抜のための学力検査の取り扱いについては、平成二十七年度入学者選抜試験以降の出題とし、中学校国語教科書の本文教材における使用状況など、中学校における指導の実態を踏まえ、適切な配慮の下に行われる必要があります。

「改定常用漢字表」の発表に伴い「公用文における漢字使用等について」という内閣訓令が出ました（平成二十二年十一月三十日）。それによる「追加音訓の例」も参考に載せておきましょう。

ア　俺、彼、誰、何、僕、私、我々……代名詞は原則として漢字で書く。

イ　果たして、甚だ、再び、全く、無論、最も、専ら、僅か……副詞、連体詞は漢字で書く。

ウ　御案内・御挨拶（御＋案内・御＋挨拶）、ごあんない・ごあいさつ（ご＋あんない・ご＋あいさつ）……接頭語がつく語を漢字で書く場合は全部を漢字で書き、仮名で書く場合は原則として全部を仮名で書く。

エ　及び・並びに・又は・若しくは（×および・×ならびに・×または・×もしくは）……
「おって」「かつ」「したがって」「ただし」「ついては」「ところで」「ところが」「また」「ゆえに」などの接続詞は原則として仮名で書くことになっていますが、「及び・並びに・又は・若しくは」という上記の四語は原則として漢字で書くことになっています。

オ　ない……◯「行かない」⇕×「行か無い」
ようだ……◯「よい方法はないようだ」⇕×「よい方法はない様だ」
ぐらい……◯「二十五歳ぐらいの人」⇕×「二十五歳位の人」
ほど……◯「もう三日ほど経過した」⇕×「もう三日程経過した」
などは平仮名で書く。

なお、『5の答え』は次のとおりです。
ア（ゆくえ）　イ（ゆかた）　ウ（めがね）　エ（ひより）　オ（かたず）

(3) 一週間の総まとめ──【書き取りの注意】

これから先は、本書のおさらいのおさらいです。

繰り返し習うという意味で「温習」という言葉があります。芸事の発表会などではよく使う言葉です。「踊りの温習会」などといいます。

すべて知っている内容だと思いますが、あなたの知識の「おさらい会」のつもりでご活用いただけたら本望です。

1. 一字一字の違いに注目

書き取りのミス……『漢字なんて嫌だなあ』という声は絶えないようです。

「漢字をマスターするコツは?」とたずねられたら、「漢字に強くなる基本の心得を知ること」と答えます。以下を一通り見ておいてください。参考になることだと思います。

(1) 一字一字の違いに注目(形が似ていて異なる漢字などの見直し)

①土と士と工と干

②天と夫　など

（2）似た字形を意味で区別（似た字形の漢字は「意味で区別」するのが重要な方法）
似た字形で読みが同じ……**歓迎・観覧・勧告**　／　**受賞・授賞**　／　引**率・卒**倒など
（3）細かな点画を正しく（ことに間違えると別の字になるようなもの。例：末と未・工と土など）
（4）「へん」は「意味」に関係し、「つくり」は「読み」に関係することが圧倒的に多い（その漢字の「読み」がわからなかったら、とりあえず「つくり」部分を読んでおこう）。

『補足』
読み分けのはっきりした基準のないものもある。この場合は熟語としての読みを確実に覚えておくこと。

『明』＝メイ・ミョウ
『宮』＝キュウ・グウ・グ
『元』＝ゲン・ガン
『興』＝コウ・キョウ
『殺』＝サツ・サイ・セツ
『久』＝キュウ・ク
『郷／強』＝キョウ・ゴウ
『合』＝ゴウ・ガツ・カツ
『行』＝コウ・ギョウ・アン
『今』＝コン・キン

『質』＝シツ・シチ・チ　『若』＝ジャク・ニャク
『修』＝シュウ・シュ　『従』＝ジュウ・ジュ・ショ
『重』＝ジュウ・チョウ　『出』＝シュツ・スイ
『食』＝ショク・ジキ

2. 書き取りでの間違い

（1）同音異字と間違う

「ハワイは我が国とはいいタイショウだ」の「タイショウ」はどんな字を書きますか。

①文の意味から推測しよう
・対照＝照らし合わせて比べる
・対称＝釣り合いを保つこと
・対象＝相手・目標となるもの

②意味を基に同音語を区別しよう
ア．偏の意味を考える⇓部首の共通
イ．共通部分に注意⇓どの字は同じで（対）、どの字が異なるか（照・称・象）

答えは、「対照」です。

（2）同訓異字と間違う

①意味から熟語を思い浮かべよう・意味の違いを厳密に考えてみる

・顔にあらわれる……表情

・姿をあらわす……出現

・書物をあらわす……著書

②ふだんから一字一字の意味に気を付けて

・あかんぼうがなく……泣く

・枝で小鳥がなく……鳴く

（3）形が似ていて間違う

①まとまった形として覚えよう

ア．似た形・似た部首があれば、その違いを確認する

・しんにょう……述・逆・遊……道路や歩行の意味を表す

・えんにょう……廷・建・延……長くどこまでも行く意味

イ．字形を大づかみに『こんな感じの形』と印象をとらえる

・微と徵

②部首の意味を覚えておく

・やまいだれ……病⇓病気、症状

・木と禾……「木」と「こくもつ」に関する意味⇓板・秋・稲

・イと彳……「人」と「歩行」に関する意味

・冫と氵……「氷やつめたさ」と「水」

・扌と牛……「手でする動作」と「動物の牛」

・ネと衤……「示」と「衣」の変形

・辶と廴……「道や歩く」の意味と「長くどこまでも行く」意味

③漢字の一部が似ている

険、検、倹、験、剣など

④熟語として覚えよう

卒⇓卒業・卒倒・兵卒

率⇓確率・能率・引率

（4）はねる・はねない
・「水」は、はねるが、「木」は、はねない
・「扌」は、はねるが、「牛」は、はねない
（5）突き出る・突き出ない
・『雪』の下部分の「ヨ」という字の真ん中の横棒は突き出るのか、突き出ないのか
・「事」はどうか
・『再』と『角』の横棒二本の場合はどうか、など
（6）とめる・はらう
・『双』の左側と右側の「ヌ」の書き方は「丶」か「㇏」か
（7）点画の多い・少ない
・策は竹＋束でなく⺮と朿
・てんのあり・なし　専（例：博）と専
（8）くっつく・くっつかない、そして方向は（風は「一」か「ノ」か）
・「分」か「分」か
・「会」か「会」か

（9）覚えにくい字・ミスしやすい字
・「攵」か「欠」か（放か⿰方欠か・故か⿰古欠か・敗か⿰貝欠か・歌か⿰哥攵か）

（10）略字
・第・才
・職・耺

3. 全体的に似ている漢字

哀と衰（アイ・スイ）　瓜と爪（カ・ソウ）　獲と穫（カク・カク）
遣と遺（ケン・イ）　委と季（イ・キ）　渦と禍（カ・カ）
歓と勧（カン・カン）　綱と網（コウ・モウ）　烏と鳥（ウ・チョウ）
嫁と稼（カ・カ）　宜と宣（ギ・セン）　存と在（ソン・ザイ）
殴と欧（オウ・オウ）　悔と侮（カイ・ブ）　拾と捨（ジュウ・シャ）
堀と掘（クツ・くつ・ほり・ほる）　など

4．部分的に形が似ていて間違うもの

(1)「𠬝」か「及」か

・「𠬝」……服・報

・「及」……及・吸・級・扱

(2)「ヨヨ」か「羽」か

・「ヨヨ」……曜・躍…二字だけ

・「羽」……羽・習・翌・翼・翁・扇・翻

(3)「ツ」か「⺌」か「巛」か

・「ツ」……学・覚・挙・誉・単・弾・戦・禅・獣・厳・労・栄・営・桜・巣・悩・脳・猟

・「⺌」……光・輝・当・党・堂・常・掌・賞・償・肖・消・硝・削・鎖

・「巛」……災・巡

(4)「卩」か「阝」か

・「卩」……印・命・即・節・却・卸・御・仰・抑・迎・柳・卵

・「阝」……邦・邪・邸・郊・郡・都・部・郭・郵・郎・廊・郷・響

(5)「ル」か「儿」か「几」か

・「ル」……微・輝・競

・「儿」……売・続・読(「儿」を上部とつけないもの。兄・光などとは違う)

・「几」……冗・処・拠・机・飢・坑・抗・航・凡・帆・恐・築

(6)「开」か「𠔿」か

・「开」……開・併・研

・「𠔿」……発・廃

(7)「干」か「于」か

・「干」……干・刊・幹・汗・肝・岸・軒

・「于」……芋

(8)「壬」か「王」か

・「壬」……任・妊・賃・廷・庭・艇

・「王」……王・皇・全・望・聖・呈・程・潤・狂・班・徴・懲

(9)「⺗」か「⺌」か「氺」か

・「⺗」……恭・添・慕

・「灬」……魚・漁・黒・墨・焦・礁・然・燃・黙・点・烈・庶・煮・無・照・蒸・窯・
熱・勲・熟・薫

・「氺」……泰・漆

(10)「ヨ」か「ヨの中長く」か

・「ヨ」……当・雪・急・隠・穏・帰・婦・掃・侵・浸・寝・尋

・「つきぬける」……君・郡・群・争・浄・静・書・妻・事・律・津・建・健・筆・唐・
糖・庸・粛・康・逮・隷・兼・廉（「虐」は「ヨ」ではない）

(11)「攵」か「欠」か

・「攵」……改・攻・牧・枚・故・政・致・救・教・赦・敗・散・数・敵・放

・「欠」……欠・次・姿・盗・資・諮・吹・炊・欧・軟・欲・飲・欺・款・歌・歓

(12)「且」か「旦」か「亘」か「目一」か

・「且」……且・宜・査・畳・阻・祖・租・組・粗

・「旦」……昼・壇・但・担・胆

・「亘」……宣・恒

・「目一」……具・真・慎

(13) 肩の「てんなし」か「てんあり」か
・「てんなし」……専・恵・穂
・「てんあり」……博・縛・敷・簿・薄
(14) 上の横棒が「長い」か「短い」か
・「長い」……末・天・蚕
・「短い」……未・味・魅・妹・夫・扶
(15) 下の横棒が「長い」か「短い」か「同じ」か
・「長い」……土・圧・粧・在・至・屋・握・室・窒・型・陛・基・堂・堅・堕
・「短い」……士・仕・志・誌・壱・声・売・続・読・壮・荘・装・穀・款・隷
・「同じ」……角・触・解
(16)「世」か「丗」か
・「世」……世・葉
・「丗」……帯・滞
(17)「矢」か「失」か
・「矢」……矢・医・疾・候・侯・族・知・痴・短・疑・擬・凝

・「失」……失・秩・鉄・迭

(18)「癶」か「㚇」か「大」か

・「癶」……発・廃・登・燈・澄

・「㚇」……祭・際・察・擦

・「大」……僚・寮・療

(19)「与」か「丂」か「丂」か「亏」か

・「与」……与・写

・「丂」……考・拷

・「丂」……号・朽・巧・誇

・「亏」……汚

(20)「曲」か「曲」か

・「曲」……典

・「曲」……曲・豊・農・濃

(21)「首」か「酋」か

・「首」……首・道・導

・「酋」……尊・遵

(22)「日」か「口」か

・「日」……衰える

・「口」……哀れむ

(23)「艹」か「廿」か「甘」か「龷」か

・「艹」……漢・嘆・嘆・謹・勤

・「廿」……革・度・渡・席・庶

・「甘」……甘・某・謀・媒・紺

・「龷」……共・供・恭・昔・借・惜・籍・措・錯・黄・横・異・暴・爆・供・満

(24)「𠂢」か「瓜」か

・「𠂢」……派・脈

・「瓜」……弧・孤

(25)「褱」か「襄」か

・「褱」……懐・壊

・「襄」……嬢・譲・醸

(26)「罔」か「岡」か

・「罔」……網

・「岡」……綱・鋼・剛

(27)「可」か「司」か

・「可」……可・河・寄・奇・騎・歌

・「司」……司・詞・伺・飼・嗣

(28)「毋」か「毌」か

・「毋」……毒・毎・侮・海・悔・梅・敏・繁

・「毌」……貫・慣

(29)「覀」か「罒」か「酉」か

・「覀」……要・煙・覆・腰・遷・価・票・漂・標

・「罒」……買・置・罪・罰・署・罷・濁・環・還・徳・聴・漫・慢・憲・夢・爵・寧

・「酉」……酒・配・酔・酢・酪・酬・酸・酷・酵・醜・醸(尊・猶・遵)

(30)「吉」か「𠮷」か

・「吉」……吉・結・詰・鼓・喜・樹・膨

・「吉」……遠・園・周・週・調・彫・舎・捨・舗（旧字体で袁・周・舎のつくものは吉の形で書く）

(31) 注意「優」の「直」部分を「百・夏の上部分」にしないこと

・「ただしいもの」……憂・優・寡

・「憂でないもの」……夏

・「百を書くもの」……百・宿・縮

(32) 「朮」か「求」か

・「朮」……述・術（「ジュツ音」のものは「朮」を書く）

・「求」……求・球・救（「キュウ音」のものは「求」を書く）

(33) 「昜」を「易」と書かないこと

・「易」……易・賜

・「昜」……傷・場・湯・陽・揚・腸

(34) 「𧘇」と「𧘈」

・「𧘇」……展・喪・長・張・帳・張・振・娠・震・農・濃・辱

・「𧘈」……衷・表・俵・裏・哀・衰・嬢・譲・醸・衣・依・依・袋・裂・装・製・襲・

懐・壊・裁

(35)「予」か「矛」か

・「予」……予・預・序・野

・「矛」……矛・柔・務・霧

(36)「束」か「朿」か

・「朿」……策・刺

・「束」……束・疎・速・勅・頼・瀬・整

(37)「弋」か「戈」か

・「弋」……弐・式・試・武・賦・代・袋・貸

・「戈」……伐・閥・戦・戯・賊・戒・機・域・惑

(38)「比」か「此」か

・「比」……比・批・皆・階・陛・混・麗

・「此」……紫・雌

(39)「豸」か「豕」か

・「豸」……墾・懇

・「豕」……家・嫁・象・像・豪・縁・豚・隊・墜・劇・逐・遂

(40)「兄」か「兑」か

・「兄」……兄・祝・況

・「兑」……税・説・悦・閲・鋭・脱

(41)「羊」か「𢆉」か

・「羊」……達・遅・洋・祥・詳・群・鮮

・「𢆉」……幸・報・執・南・献

(42)「勻」か「勺」か

・「勻」……均

・「勺」……的・約

(43)「ネ」か「衤」か

・「ネ」……礼・社・祈・祉・祝・祖・神・祥・視・禍・福・禅

・「衤」……初・被・補・裕・裸・複

(44)「匈」か「匂」か

・「匈」……胸（「凶」が音）

・「匂」……渇・掲・謁

(45) 字形の似ている字

栄・営　過・禍　懐・壊　慨・概　穫・獲

哀・衰　因・困・囚　隠・穏　縁・緑　往・佳・住

おわりに

【一週間でさらっとおさらい　大人の漢字セミナー】ご苦労様でした。

よくお読みくださいました。楽しい「おさらい」への取り組みの一週間だったでしょうか。以前学んだことを繰り返して練習するということは、人によって、その価値に大きな差が生じます。「漢字なんて、知っていることが多いから、理解しやすくて、分かりやすいし読みやすかった」と思う人と、逆に、「知っていることばかりだと思っていたのに、こんなに奥深いものだったのか」と思う人もいると思います。

あなたがどちら側の人であったとしても、これから先、読んだり書いたりする生活と関わりなく生きることはないはずです。そういう意味で、この本がいくらかはあなたの今後の実用的な文書作成技術の参考になったのではないかと思います。

漢字の問題は多角的です。そもそも、常用漢字表の作成目的が初期のころと異なって、漢字使用の目安であって制限ではないという説明に変わってから、強制力がなくなりました。それだけに使い方については人によって考え方がいろいろです。

しかし、国語の学習指導要領によって読み書きを習う漢字は、常用漢字の範囲しか規定がありません。学校で九年間も常用漢字しか使わないで過ごせばそれが習性となって、日常生活で使う漢字は常用漢字が主になります。文部科学省の学習指導要領はそれを見越した狙いの施策のようです。

日本国内の主な報道機関は、日本新聞協会が発行する『新聞用語集』（新聞用語懇談会編）に掲載される新聞常用漢字表をもとにして、各社で多少手を加えて、漢字使用の基準としているようです。

本書の第一日目、「漢字の現代への流れ」のなかで「『正しい』もないし『間違い』もない」として、字源（漢字の成り立ち）を主に話を進めましたが、この問題は表記法についても、部首についても、字形についても、いろいろな面で浮かび上がってきます。これが日本の国語施策の現状です。強制でないだけに悩みの問題でもあるようなのです。

本書では漢字問題の細部にわたって取り上げることはできませんでしたが、これを機会に辞書の作り方などについても、日本における日本語の文章の表記についても、広く興味や関心を寄せてくださるとうれしいことです。

本書の誕生について、ビジネス教育出版社には大変なご努力、お力添えをいただきました。読みにくく面倒な内容を、いつも読者の皆様の味方になって、読み手が楽しく肩が凝らない体裁にしたいと、いろいろと工夫を施してくださいました。当社の読者を大切にする気持ち、その気持ちに支えられて本書は出来上がり、あなたの手に届けられたものです。

あなたの読後感など、本書編集部にお寄せいただきたいと私からもお願いします。あなたの貴重な御感想を今後の大事な参考にさせていただきます。

著者　下　村　昇

＜著者プロフィール＞

下村　昇（しもむら　のぼる）

1933年、東京生まれ。東京学芸大学卒業。「現代子どもと教育研究所」所長。独自の「下村式理論」で数々の辞書、教育書、絵本などを執筆。漢字・国語教育のほか、子どもの教育問題全般にわたり活躍中。シリーズ『唱えて覚える漢字の本』（学年別・偕成社）は刊行以来400万部を突破。その他『下村式小学国語学習辞典』（偕成社）、『大人のための漢字クイズ』（PHP研究所）、『下村式はじめての漢字』（幻冬舎エデュケーション）など著書多数。

http://www.n-shimo.com

一週間でさらっとおさらい
大人の漢字セミナー

2015年2月12日　初版第1刷発行

著　者　下村　昇
発行者　酒井　敬男
発行所　株式会社ビジネス教育出版社
〒102-0074　東京都千代田区九段南4－7－13
TEL 03-3221-5361（代）／ FAX 03-3222-7878
E-mail info@bks.co.jp　URL http://www.bks.co.jp

装丁・章扉イラスト／株式会社イオック　印刷・製本／萩原印刷株式会社
落丁・乱丁はお取り替えします。

ISBN978-4-8283-0547-9